教えと学びを考える

# 教育心理学

魚崎祐子
編著

玉川大学出版部

# はじめに

教職課程において学んでいる学生たちが，教職に関わる様々な事柄について心理学の理論や知見を用いて考えていくというねらいのもと，「教育心理学」のテキストとして本書を執筆した。

教職に携わる際に欠かせないと思われる内容について盛り込み，発達，学習，適応と評価という３部構成にした。読み進めていっていただければ気づかれることと思うが，同じ内容が複数の章で扱われていることがある。これは，各章の内容が独立したものであるというわけでなく，互いに関連し合っているということを示している。各章の執筆者によって焦点を当てるところが違っていたり，説明の仕方が異なっていたりするように思われることもあるかもしれないが，物事への多面的な見方に触れ，それらを統合することで読者の知識は整理されていくだろう。

また本書を執筆する上では，独学でも学習を進められるようなテキストを目指し，できるだけわかりやすい表現や，例を挙げながらの説明を心がけた。さらに章末には，各章の内容を学んだ上で考えてほしい課題や，さらなる学習につながる参考図書についても紹介してある。中には明確な解答がテキストには示されていないように思われる深い問いもあるかもしれないし，参考図書の内容とテキストの内容とのつながりに頭を悩ませることもあるかもしれない。しかしテキストを読み，内容を記憶して学習を終わらせるのでなく，課題や参考図書を利用することにより個々の知識網を構成しなおし，学びを深めていってほしいと考えている。本書のタイトルにもあるように，テキストの内容をもとにして「考える」ことが私たちの願いである。

教育心理学は現場で使えないなどといった声もあるが，そんなことはない。もちろん現場で起こっていることはより複雑であり，理論どおりに説明できないことも多い。現場に理論をそのまま適用することができないことも少なくないが，それぞれの知見は実践現場でおこることと重なる部分がある。教育心理学の知見を現場でおこることといかにつなげていくのかという作業は，一人一人の読者の皆さんにお願いしたい。その作業を省いて使える知識になることはないと考えているからである。

なお，最初に教職課程の学生を対象としたテキストであると述べたが，教育心理学の知見を必要としているのは教職課程の学生だけでなく，今，様々な場所で教育に携わっている幅広い人たちではないだろうか。職場や家庭の中も含め，教育にまったく携わっていない人の方が少ないようにも思われる。それぞれの場所でそれぞれの立場で利用するとしたら，どのような情報をどのようにつなげることができるのかということを探しつつ，学びを進めていっていただけると幸いである。教育心理学の理論や知見を知ることにより，教育に関する事象への見方が少しでも変わることを期待している。

魚崎祐子

# 目　次

# 第１部
# 発達の理解

第１部では，発達の問題について学んでいく。とくに「教育心理学」の中における発達であるため，教育に携わっていく上で必要となるであろうと考えられる内容を扱っている。具体的には発達と教育との関わり，ピアジェ(Piaget, J.)による認知の発達段階説について学習する。

教育を行う上で，目の前にいる子どもたちをとらえる視点の一つとして発達の問題が挙げられるであろう。そこで発達に対しての考え方を整理し，発達に関する知識をどのように教育と結びつけていくのかについて考える。自身が教育現場で子どもたちと関わる上でも，その関わり方に影響してくる点だといえるだろう。

また，ピアジェによる発達段階説は目の前の子どもたちの段階を把握することにより，関わり方やカリキュラム，教授内容などを考えていく上で利用することができる。もちろん，人間の発達は単純なものではなく理論どおりに進むわけではないが，このような枠組みを知っておくことによって，子ども理解につなげられると考えられる。

第１部の学習を通じて，自分自身の発達観や教育観を見直したり，子どもたちへの関わり方を考えたりする機会になることが期待される。

# 第１章　発達と教育

本章は，教育心理学において，なぜ「発達」について学ぶ必要があるかを理解することを目的とする。発達とはどのようなことか，発達はどのようなメカニズムであるのか，発達と教育の関係はどのようなものであるのかについて概観する。本章を学びながら，「発達」の意味を考え，今後，教育実践に臨む上で，「発達」の見方をどのように役立てることができるのかを検討してもらいたい。

**キーワード**
発達　遺伝と環境　発達の最近接領域

## 第１節　発達とは何か

### （1）発達とは何か

**発達とは**

発達とはどのような現象だろうか。身近なところでは，天気予報で「低気圧が発達」「台風の発達」といった表現を聞いたり，「科学技術の発達」「文化の発達」といった表現を目にしたりしたことがあるだろう。これらの言葉からとらえられる「発達」は，あるものやシステムが時間的に変化していく様子である。

では，本章で学ぶ「発達」がどのようなものを指しているかというと，「人間の発達」である。そのように伝えると，生まれたばかりの赤ちゃんが大人になるまでのプロセスがすぐに思い浮かぶかもしれない。しかし，現在の発達心理学において発達は「人間の受精から死に至るまでの心や行動の変化」と定義されている。また，その変化がどのような要因によって変化していくのか，個人や家族による違い，文化の違いによっての相違点なども研究の視野には含まれている。

ここでの発達の定義として注目してもらいたいことのひとつは，発達は決して赤ちゃん，子どもだけの現象ではなく，受精から死までの，人生全体にわたる現象としてとらえられていることである。確かに生まれたばかりの赤ちゃんの発達，変化はとても大きい。けれども，人は大人になっても，生涯変わり続ける存在であり，その変化全体を視野に入れている学問が現在の発達心理学なのである。

### 獲得と喪失

発達をとらえる視野が人生全体にわたることにより見えてくる「変化」に対しての視点にも注意を払う必要がある。発達というと，身体が大きくなるような成長であったり，できなかったことができるようになる獲得であったり，進歩，向上することが思い浮かぶことが多いのではないだろうか。だが発達という概念には，できたことができなくなる喪失，あった機能が失われる衰退なども，重要な側面として含まれる。

また，乳幼児は成長，獲得していく存在，高齢者は喪失，衰退していく存在ととらえがちであるかもしれない。しかし，乳児であっても，できたことができなくなることもある。たとえば，生後しばらくは，育った環境で話されている言葉には含まれない音を声に出したり，聞き分けたりすることができるが，生後1年たたないうちに，育っている環境で話されている言葉に特化して発声や聞き分けが敏感にできるようになっていくと同時に，育っている環境で話されていない言葉に関する音についてはあまり反応しなくなっていく。そこには獲得と喪失が同時に進行している様子を見てとることができる。

このように，発達という概念が指している時間的な変化には，量的なものだけではなく，質的な変化があること，さらには，その変化をもたらすものとしては環境が大きな役割を果たしている現象としてとらえる視点が大切である。

### 発達に類似した言葉

発達に似た意味を持つ言葉を耳にしたことがあるかもしれない。たとえば，「発育」という言葉がある。どちらかというと，発育は身体の発達を指すことが多い。また，「成長」は身長や体重などの増加のような量的側面の変化を指すことが多い。これらと比して，「発達」は言語の獲得のような質的な変化をより多く視野に入れているととらえられる。

また，時間にともなう変化を示す言葉としては，「成熟」や「学習」といった言葉も使われる。「成熟」に関しては，発達の一側面としてもとらえられるが，とくに，神経生理学的な発達，第二次性徴の出現，個体の生殖機能が完成していくプロセスを指していることがある。また，個体に生得的に組み込まれている要因が，環境からの影響を受けずに現れてくる発達の側面を指すこともある。すなわち，のちに述べる遺伝的な要因に注目するときに用いられる言葉のひとつが「成熟」である。

一方の「学習」という言葉は，心理学においては，経験や練習，訓練による行動の変化を指す。つまり「成熟」とは逆に，様々な環境において，経験していくことによって，行動や考え方が変化していくことが「学習」である。

## （2）発達の基本原理

### 発達の順序性

発達には，基本原理，法則性が見られる。

ひとつめにあげられるのは，発達の順序性である。発達は，一定の順序をたどって進んでいく。この発達の順序性としてよく例にあげられるのは，生まれてから，二足歩行ができるようになるまでの運動発達である。転がる，肢である程度体重を支えて座る，支持なしで座る，四つ這いする，家具につかまり立つ，つたい歩きをする，ひとりで立つ，ひとりで歩くといった一定のプロセスが見られる。発達が，基本的にある順序で現れることを発達の順序性と呼ぶ。ただし，この過程を進む速度には個人差がある。たとえば，四つ這いの時期が長い子どももいれば，短い子どももいる。また，おそらく身近な子どもの例を聞くとわかるように，ひとりで歩くようになる時期もかなり異なる。さらに，順序は絶対的なものでもなく，四つ這いをしないで歩き始める子どももいる。ある状態の次に，どのような状態で発達していくかという予測としての順序性を念頭におくことは，とくに小さい子どもとのかかわりあいの配慮として大切であるが，多様な個人差が見られることも，その子の発達を理解する上で重要な視点である。

**発達の領域相互の関連**

また，発達は，各側面，領域が相互に関連して進んでいくものである。発達の側面，領域とは，たとえば，身体，運動，認知，社会性，感情などである。これらの領域，側面ごとに発達を記述することは，どうしても多くなる（たとえば，第 2 章では認知の領域に絞って紹介を行う）が，実際の発達は，これらの領域，側面が絡みあって進んでいくプロセスである。たとえば，四つ這いができるようになる子どもの様子を想像してみよう。四つ這いができるようになるきっかけとして，自分が手に取りたいものが動かなければ取れない位置にあるからこそ四つ這いがしたくなる様子，また，同じような年齢の仲間が四つ這いをして楽しそうにしていたからこそ四つ這いがしたくなる様子，などが思い浮かばないだろうか。つまり，ただ四つ這いのみの能力が単独で発達するのではなく，四つ這いをするということは，「あれを手に取りたい」として見る認知の能力の発達や，「四つ這いするとおもしろそう」といった社会性や感情の発達とも関連しているのである。つまり，身体的運動能力の発達は，社会性，感情，認知の発達にも影響を与え，さらにまたそれらの発達が身体的発達にも影響を与えるという形で密接に相互なかかわりあいを持っているのである。

## （3）発達の変化をとらえる

**発達曲線**

発達に関わる変化をとらえようとするときのひとつの方法は，連続する量的な変化を表すことである。2 次元のグラフで，横軸に月齢，年齢，練習の回数などの時間的変化をとり，縦軸に何らかの発達の指標をとると，その特

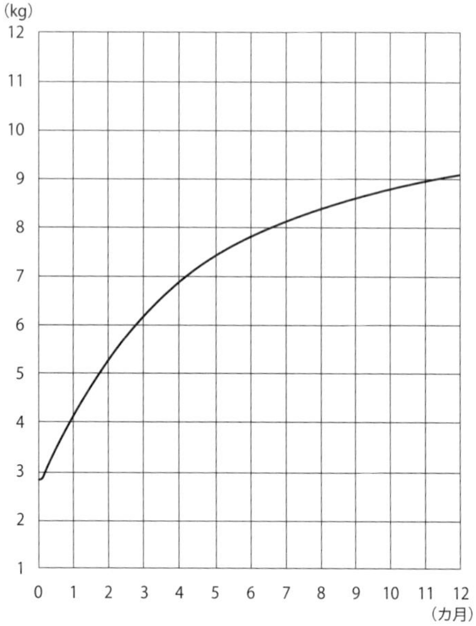


図1-1　乳児の体重の発育曲線

徴が見てとれる。たとえば，**図1-1**のように体重を指標としてプロットすることで，生後1年の体重変化の様子をとらえることができる。このように計測した記録をもとにゆるやかな曲線でとらえることで，個人の成長の記録を見ることができたり，大勢の記録をプロットすることで乳児の体重の変化がどの範囲であるのかをとらえたりすることができる。このような発達の変化を示した曲線を発達曲線，または身体の発育に関するものは，発育曲線と呼ぶ。

横軸に年代をとり，発達指標の時代的な変化を見ることもできる。身体などの発達が時代によって早まり促進される現象は，発達加速現象と呼ばれるが，この現象も発達曲線から見出すことができる。この発達加速現象としては，乳幼児期のひとりで歩く時期，小学生の平均身長などが知られている。

### 発達段階

発達に関わる変化をとらえるもうひとつの方法は，質的な変化を記述することである。たとえば，子どもと大人の違いを説明してみよう。そこには様々な質的な違いが上がってくるだろう。

発達心理学ではそのように質的に異なる状態を発達段階という形で示すことが多い。現在では，その発達段階の区分としては「出生前期」(胎内にいる時期)「新生児期」(生後 4 週まで)「乳児期」(生後 4 週目から 1 歳 6 ヶ月まで)「幼児期」( 1 歳 6 ヶ月から就学まで)「児童期」(小学生の時期)「青年期」(中学生から20歳代後半)「成人期」(30歳代から)「老年期」(65歳以上) が想定されることが多い。また，小学生後半から中学生を「思春期」，青年と老年のはざまを「中年期」とすることもあるが，その時期を設定するかも含めて研究者によって違いが見られる。

### エリクソンの考えた発達

エリクソン (Erikson, 1982; 村瀬他訳，1989) は，人間を生まれてから死ぬまでまわりの人々や社会との関係の中で生涯にわたり発達する存在として考えた。その発達のありようは，人間の 8 つの発達段階として示された (**図 1 - 2** )。

エリクソンによれば，各発達段階には発達の課題がある。その発達課題は，たとえば，乳児期を例にすると，「基本的信頼」対「基本的不信」という対となる対立した言葉で示される。図の中で上に示されている要素である「基本的信頼」は肯定的側面，下に示されている「基本的不信」は否定的側面である。エリクソンは，人間は人生の各時期において，否定的な要素を抱えており，心理社会的危機が生じるとする。たとえば，乳児期には，おなかがすいたとき，オムツがぬれて気持ち悪いときなどに，それに適切に養育者が応えてくれる経験を通して，自分をとりまく環境に基本的な信頼を抱く。しかし，おなかがすいたとき，オムツがぬれて気持ち悪いとき，いつもすぐに適切に応えてもらえるとは限らない。そのようなときに不信を抱く経験もする。このように肯定的側面と否定的側面との間でせめぎ合いが生じるが，否定的側面を経験しながらも，相対的に肯定的側面が上回れば，発達課題は解決に

| | | | | | | | | |
|---|---|---|---|---|---|---|---|---|
| 老年期　Ⅷ | | | | | | | | 統合<br>対<br>絶望，<br>嫌悪<br>**英知** |
| 成人期　Ⅶ | | | | | | | 生殖性<br>対<br>停滞<br>**世話** | |
| 前成人期　Ⅵ | | | | | | 親密<br>対<br>孤立<br>**愛** | | |
| 青年期　Ⅴ | | | | | 同一性<br>対<br>同一性<br>混乱<br>**忠誠** | | | |
| 学童期　Ⅳ | | | | 勤勉性<br>対<br>劣等感<br>**適格** | | | | |
| 遊戯期　Ⅲ | | | 自主性<br>対<br>罪悪感<br>**目的** | | | | | |
| 幼児期初期Ⅱ | | 自律性<br>対<br>恥，<br>疑惑<br>**意志** | | | | | | |
| 乳児期　Ⅰ | 基本的<br>信頼<br>対<br>基本的<br>不信<br>**希望** | | | | | | | |
| | 1 | 2 | 3 | 4 | 5 | 6 | 7 | 8 |

**図1-2　人間の8つの発達段階**

（Erikson, 1982; 村瀬他訳，1989）

向かい，「希望」という生き抜いていく力を得ていくと説明される。すなわち，エリクソンのとらえた発達は，「いつになったら何ができる」というとらえ方ではなく，プラスの側面とマイナスの側面とが絡みあいながら質的に展開していくものとしてとらえられるのである。

# 第2節　遺伝と環境

## （1）遺伝か環境か

第1節で述べてきた発達の現象は，なぜそのように発達するのだろうか。その説明を試みることは遺伝，すなわち成熟や生得性を重視する立場と，環境，経験を重視する立場に整理することができる。

### 遺伝・生得説

遺伝，生得的なことを重視する立場としては，デカルト（Descartes, R.）が，精神を独立した実体と見て，精神自身の内に生得的な観念があり，理性の力によって精神自身を展開可能であるととらえた考えをたどることができる。

また，心理学の分野では，チョムスキー（Chomsky, N.）が，生成文法，すなわち人間には言語の初期状態である普遍文法が備わっていることを提唱した。

ゲゼルとトンプソン（Gesell & Thompson, 1929）は，成熟に重きをおいた考え方をし，そのことを示すために，遺伝的に同じ条件となる一卵性双生児を対象とした階段のぼりの実験を行った。一卵性双生児のひとりT児は，生後46週から52週の6週間，階段をのぼる訓練を受けた。T児は訓練が始まった生後46週の時点では，階段をのぼるのに手助けを必要としていたが，訓練が終わった52週の時点では26秒でのぼれるようになった。その後，一卵性双生児のもうひとりであるC児は，生後53週から2週間，階段をのぼる訓練を受けた。C児は訓練が始まった生後53週ですでに手助けなしに，45秒で階段をのぼっていたが，訓練が終わった55週の時点では10秒となっていた。つまり，T児とC児では，訓練を始めた時期，期間が異なるにもかかわらず，それが発達には大きな差をもたらすことはなく，遺伝的要因が規定することが大きいとした。

ただし，このゲゼルたちの研究は，階段のぼりという日常生活で経験することであり，T児もC児も，訓練以外でも様々な経験をしていたことが指摘される。

### 環境・経験説

一方の発達における環境を重視する立場はどのようなものだろうか。ロック（Locke, J.）は経験主義を提唱し，生まれたばかりの赤ん坊を「タブラ・ラサ」（ラテン語で何も書いていない空白の石板）とたとえている。人間は「白紙」の状態で生まれて，生まれた後の経験でそこに様々なことが書き加えられていくと考えたのである。

心理学では，ワトソン（Watson, 1930; 安田訳，1980）が，「私に，健康で，いいからだをした一ダースの赤ん坊と，彼らを育てるための私自身の特殊な世界を与えたまえ。そうすれば，私はでたらめにそのうちの一人をとり，その子を訓練して，私が選んだある専門家——医者，法律家，芸術家，大実業家，そうだ，乞食，泥棒にさえも——に，その子の祖先の才能，嗜好，傾向，能力，職業がどうだろうと，きっとしてみせよう」と述べた。つまり，彼は，子どもは周囲の働きかけ，環境によって，どのようにでも育てられる存在であるととらえていたわけである。

## （2）遺伝も環境も

### 輻輳説と相互作用説

遺伝・生得説と環境・経験説を見てきたが，遺伝と環境のどちらかが発達を規定するというよりも，どちらもが発達を規定していると考える方が自然であると感じた方も多いだろう。

実際に，シュテルン（Stern, W.）は，人間の発達は遺伝要因と環境要因が加算的に寄り集まって機能して発達するという輻輳《ふくそう》説を主張した。また，ジェンセン（Jensen, A. R.）は，遺伝と環境が相互にかけ算のようにかけあわされて発達が規定されるという相互作用説を主張した。現在では，発達は遺伝と環境の相互作用で発現すると考える説が主流である。

### 行動遺伝学

行動遺伝学では，ひとつの受精卵に由来する遺伝子が100パーセント等しい一卵性双生児と，同時に生まれたきょうだいと同じく遺伝子を50パーセント共有する二卵性双生児の類似性を統計的に比較することによって，遺伝要因と共有されているもしくは共有されていない環境要因の相互作用の様子を描こうとしている。一卵性双生児の方が二卵性双生児よりも類似していることは遺伝要因の影響が強く，一卵性双生児でも完全に一致しないのは，共有されていない非共有環境要因の影響が強いということになる。

これまでの行動遺伝学の知見は，以下の３点にまとめられている。①あらゆる心理的形質の個人差は遺伝の影響を受けている，②共有環境の影響は無視できるほど小さい場合が多い，③個人差の源泉の多くは非共有環境による。つまり，発達は遺伝だけでも環境だけでも決まらず，両者の相互作用によって生じるのである。

### 遺伝と環境をめぐる言説

行動遺伝学の知見には，パーソナリティ特性や知能に遺伝の影響が大きいとする結果が見られる。しかし，この遺伝要因の大きさにのみ着目することは，かつての優生学に陥る危険性がある。

むしろ，ニスベット（Nisbett, 2010; 水谷訳，2010）が述べているように，教育に携わるときの発達観として，環境が知能の可能性に影響を及ぼす力に注目すること，そして学校や文化がその環境に影響を及ぼす役割を果たすことに注目することは大切である。「知能は変えられるという考えを人々が共有し，知能の伸びを信じる文化を築いていくことが，結果的に，その文化に身を置く子供たちの知能の向上を実現させる」というニスベットのメッセージをよく検討しておきたい。

# 第3節　発達と教育

## （1）教えるということ

### 過剰模倣実験

幼児（14ヶ月）の目の前にマジックボックスと呼ばれる大きなスイッチがついている箱があり，スイッチの前には人が座っている。その人が，幼児に呼びかけ，ストールを手で押さえている状態で，おでこでマジックボックスのスイッチを押して光らせるところを見せた後，そのマジックボックスを「次はあなたの番ですよ」と幼児に渡すとどうするだろうか。また，ストールなどで手がふさがっていない状態で同じマジックボックスをおでこで押し，その後幼児に渡したときにどうするだろうか。大人の手がふさがっている状態を見た幼児は，マジックボックスを渡されると，自分の「手で」スイッチを入れた。また，大人の手がふさがっていない状態を見た幼児は「おでこ」でスイッチを入れた。つまり，手がふさがっているときは「やむをえず」おでこで，そして手がふさがっていないときは，「わざと」おでこでスイッチを押したという「意図」を幼児は汲み取っているかのように大人の行動を模倣する反応を見せたのである（Gergely, Bekkering & Kiraly, 2002）。

また別の実験で，３，４歳児は，不透明な箱に棒を差し込んだり数回叩いたりといった複雑な操作をすることで小さなご褒美が取り出せることを教示され，それを模倣できることが確認される。その後，今度は透明な箱でまったく同じ操作をする場面を見る。このとき箱が透明になることによって，不透明な箱のときと同じ複雑な操作は，箱から小さなご褒美が取り出せることとは何らの関係がないことが「見える」状態になっている。しかし，子どもたちはそれでも実験者の行為をまるごと模倣した。一方，これとまったく同じ箱で同じようにチンパンジーに実験した結果では，チンパンジーは不透明な箱のとき，複雑な手順を模倣してご褒美を取り出すが，透明な箱のときは，複雑な手順は模倣せず，ご褒美をすぐに箱から取り出した（Horner & Whiten, 2005）。

### ナチュラル・ペダゴジー説

これらの実験は，ヒトの子どもは相手の非合理的行動を過剰に模倣し，チンパンジーは合理的行動を行うという過剰模倣を示すものとされる。そして，ヒトの子どもがこのような過剰模倣を行う仮説として，ナチュラル・ペダゴジー説が提唱されている。先ほどの実験にあったように，大人から明示的シグナル，アイコンタクトや呼びかけなどを用いて，何らかの知識伝達場面においてあることが示唆されると，子どもは相手の行動や発話などを，それが非合理的なものであっても学習してしまう。ヒトは教育，知識や技能の伝達に特化したコミュニケーションを行うこと，すなわち，大人は乳幼児に働きかけるときに明示的シグナルを無意識に使用しながら働きかけ，また，乳幼児はそれに注目し，敏感に応えることが示されている。

### 促進的教育

しかし，学ぶということは，ナチュラル・ペダゴジー説が示すように，明らかに教えるということが示された文脈でのみ生じるものだろうか。むしろ，促進的教育が重要な役割を果たしているとも考えられている。

促進的教育とは，「明示的な教示などを行うのではなく，子どもにおもちゃの武器や道具を与えてその使い方を自分で学習させたり，また狩りに同伴させて狩猟の方法や動植物に関する知識を自分で学習させたりする」（中尾，2016）こと，すなわち，学習の機会を与える教育のことである。

イメージとしては徒弟制度のように，職人の技術が弟子に受け継がれていく学習システムが近いだろう（第 3 章「正統的周辺参加」についても参照）。

「教育」ということを考えるとき，その知識の伝達のありようが，ナチュラル・ペダゴジー説のように一方向を想定したものであるか，より広い文脈も含めた関係の中で，知識も同時に学ばれていくものであるかを考えていく必要があるだろう。

## （2）発達の最近接領域

### 発達の最近接領域

子どもの発達や学習をとらえる際，もうひとつ考えておきたいことがある。それは，私たちは暗黙のうちに，子どもが他者に助けを借りずに一人でできること，問題を解くことができることを基準に，発達した，学習したという判断をしているのではないだろうか，ということである。しかし，ロシアの心理学者ヴィゴツキー（Vygotsky, L. S.）は，発達は，すでに成熟した一人でできる部分だけで決定されるものではなく，教授のあり方を考える上で大切なのは，発達の他者とのかかわりをとおして形成されつつある動態であることを指摘した。

たとえば，英文を読むとき，一人では読むことが難しくとも，先生の助言や友人と相談するといったかたちで，他者と協同することによって読めることがあるだろう。もしくは，現代であれば辞書やパソコンなどの道具を使って読むこともできる。つまり，人の発達を考えてみると，最初は一人ではできなくとも，他者や道具を借りることでできるようになることがあり，さらに，次第に一人でもできるようになっていくプロセスがある。このような，今は一人ではできないが，道具や他者との協同によってはできる領域が，発達しつつある領域であり，「発達の最近接領域」と呼ばれるものである。ヴィゴツキーは，この発達の最近接領域においてこそ，教授の役割が直接的な意味を持ちうるとしている。

### 足場かけ

ウッド他（Wood, Bruner & Ross, 1976）は，子どもが一人では達成しにくい課題を大人の援助を得ながら完成していく過程を分析している。すると，3歳，4歳，5歳の子どもたちが積み木課題を行う際，大人は，それぞれの子どもによって異なる一人ではまだできないことを，やりとりの中で探りながら必要に応じて担うことで，協同で課題をやり遂げていた。このような大人の働きかけが，建築を進めていく際，次の作業に進むために一つずつ組まれる足場に似ていることから，「足場かけ scaffolding」というメタファーを用いて表現される。

授業の中でのやりとりを考えても，最初は，教師がヒントや例を出すなどの足場かけを行っているだろう。だが，次第に子どもたち同士で足場をかけあうことも可能になり，さらには，一人でできるようになると足場をはずすようにもなる。このように，発達のプロセスは，他者とともにできるようになることが基盤となっているのである。

## ■引用文献


Erikson, E. H., *The life cycle completed,* W. W. Norton & Co., 1982（エリクソン, E. H.『ライフサイクル，その完結』村瀬孝雄・近藤邦夫訳，みすず書房，73，1989年）

Gergely, G., Bekkering, H. & Kiraly, I., Rational imitation in preverbal infants, *Nature,* 415（6873）, 755, 2002

Gesell, A. & Thompson, H., Learning and growth in identical infant twins, *Genetic Psychology Monographs,* 6, 1-124, 1929

Horner, V. & Whiten, A., Causal knowledge and imitation/emulation switching in chimpanzees (Pan troglodytes) and children (Homo sapiens), *Animal Cognition,* 8（3）, 164-181, 2005

中尾央「人間進化と二つの教育——人間進化の過程において教育はどのような役割を果たしたか」『現代思想』5月号，青土社，188-197，2016年

Nisbett, R., *Intelligence and How to Get it : Why Schools and Cultures Count,* W. W. Norton & Co., 2010（ニスベット，R. E.『頭のでき——決めるのは遺伝か，環境か』水谷淳訳，ダイヤモンド社，2010年）

Watson, J. B., *Behaviorism, Rev. ed.,* W. W. Norton & Co., 1930（ワトソン，J. B.『行動主義の心理学』安田一郎訳，河出書房新社，130，1980年）

Wood, D., Bruner, J. S. & Ross, G., The role of tutoring in problem solving, *Child Psychology & Psychiatry & Allied Disciplines,* 17（2）, 89-100, 1976


## ■課題

1. エリクソンの発達図式を参考にしながら，自分の今までの発達，これからの発達を検討しよう。
2. 自分のパーソナリティや知的能力などについて，親から受け継いだものと経験のどちらに強い影響を受けているか検討しよう。
3. 教育という場面で子どもとかかわりあう際に気をつけたいことを，ナチュラル・ペダゴジー説，促進的教育，発達の最近接領域などの用語を参考に検討しよう。

■参考図書

安藤寿康『遺伝マインド——遺伝子が織り成す行動と文化』有斐閣，2011年
チョムスキー，N.『生成文法の企て』福井直樹・辻子美保子訳，岩波書店，2011年
デカルト，R.『省察』山田弘明訳，ちくま学芸文庫，2006年
ロック，J.『人間知性論』大槻春彦訳，岩波書店，1972年
ニスベット，R. E.『頭のでき——決めるのは遺伝か，環境か』水谷淳訳，ダイヤモンド社，2010年
ヴィゴツキー，L. S.『「発達の最近接領域」の理論——教授・学習過程における子どもの発達』土井捷三・神谷栄司訳，三学出版，2003年

# 第２章　認知の発達

本章では，まずピアジェのとらえた認知の発達プロセスを説明する。子どもはどのように世界を理解しているか，大人とは異なるその認知のありようを理解したい。また，ピアジェがとらえた子どもの認知のありようは非常に重要ではあるが，ピアジェ以後の研究でわかってきた領域の課題や，子どもが誤解されていた課題のありよう，そして，かかわりあいの中で子どもをみる見方を紹介する。

**キーワード**
ピアジェ　シェマ　発達段階

## 第１節　ピアジェのとらえた認知発達

### （1）ピアジェの認知発達理論

ピアジェ（Piaget, J.）は，スイスに生まれた発生的認識論者である。彼は，認識というものごとをとらえるはたらきがどのように生まれてくるかを生物学や心理学の手法を生かしながら科学的に説明する「発生的認識論」を提唱し，それまでは意識されていなかった子どもたちの思考の特徴を示した。彼の研究をきっかけとして，それまで大人からは見えなかった「子どもがどのようにものごとをとらえているか」という世界が見えるかたちになったのである。

ピアジェは，発達を，内的な成熟だけで成り立つものとも，外的な働きかけだけで成り立つものとも考えていなかった。成熟と同時に経験・学習することが発達の主な要因であると考え，子どもは環境と相互作用することを通して，未分化で組織化されていない構造を，より分化し，より体制化された認知構造へとつくりあげていく存在として，主体的に環境にかかわる存在としてとらえていた。

### ピアジェの考えた発達のメカニズム

ピアジェは，発達ということをどのように説明したのだろうか。彼は，認知発達とは「シェマ」というものごとをとらえる枠組みの変化と多様化であり，ある「シェマ」が構成されると，そのシェマによる一連の行為がまとまって「できるようになる」こととしてとらえていた。そして，発達がどのように生じるかということについては「同化と調節によって次々と均衡状態を作り出し実現していく過程」と説明している。「同化」とは，シェマに合うかたちで環境から情報をとりいれる過程，「調節」とはとりいれた情報とシェマのずれが生じたとき，とりこみやすいかたちにシェマ自体を変えることである。つまり，外界の刺激をシェマに次々に同化していって，同化しきれない認知的葛藤が生ずると，シェマを調節して刺激を同化し均衡状態を作り出す，というプロセスをくりかえすことにより，認知の枠組みが変化していくことを発達としてとらえたのである。

ピアジェの『知能の誕生』という著書には，下記のような観察がある。

> 0：10（11），あお向きに寝ていて，やりやすい姿勢ではないのに，前日の実験を再開する。セルロイドの白鳥とか箱とか，いろいろなものを次々につかんでは腕を伸ばして落とす。そしてはっきりと，落とす位置を変える。あるときは目の上方から，あるときは下方から，腕をあるときは垂直に，あるときは斜めに伸ばして落とす。どこか新しい場所（たとえば枕の上）に落ちると，空間関係をしらべるかのように同じ場所に続けて2～3回落とし，それから別のやり方に移る。いつもならすぐ口に持っていく白鳥が口のすぐそばに落ちても，ただ口を開くだけで吸おうとはせず，同じ軌道で三度落とす。
>
> 0：10（11），同じようにいくつかのものを次々に落とし，条件を変

えながら落ち方をしらべる。楕円形の歩行器に座ったまま，その枠の外側へ，右や左に位置を変えながらものを落とす。4，50センチ離れたところに落ちても，身を乗り出したりよじったりしながらかならず拾い戻そうとする。とくに歩行器の下に転がり込んで見えなくなっても探そうとする。（Piaget, 1948; 谷村他訳，1978, pp.279-280）

ピアジェは，この観察記録に見られるように，赤ちゃんがモノに対してどのようにふるまうかを非常に注意深く見ている。ここに取り上げた観察は，観察141の一部であるが，彼の息子ローランの「何かを手放す，落とす」という枠組み，シェマに注目し，彼がその「何かを手放す，落とす」シェマをただ行うことから変化し，「何かを手放す，落とす」シェマの対象となるモノの動きに注目し始め，様々な落とし方をしてみていることを描いている。

ピアジェはこのように「赤ちゃんの認識がどのように発生するか」という課題を持って，我が子がどのようにモノを扱っているかを詳細に記述することで，その詳細な記述をもとに，子どもがその子なりのシェマをもって世界とかかわっている様子，そしてそのシェマに新たなことを同化し，調整していっていることを鮮やかに描き出した。このときのローランは，決して意味もなくモノを触ったり落としたりしているのではなく，モノはどのように落とせるのか，モノは自分がどのように落とすと，どのように変化するのか，など世界にかかわりながら，試行錯誤し探究していっていき，少しずつシェマ，すなわち認知の枠組みを変容させていっているのである。

## （2）ピアジェの認知発達段階

ピアジェは認知の発達シェマが再構成されていくプロセスとしてとらえ，そのシェマのありようの大きな枠組みを４つの発達段階として整理した。

**感覚運動期（０～２歳）**

０～２歳のこの時期を描くにあたっては，さきほど一部の観察記録をあげたようにピアジェ自身の３人の子どもの観察が大きな役割を果たしている。

赤ちゃんは自分自身の見る，聞くといった感覚，そして運動的活動を通して，自分のまわりのモノに自らはたらきかける。そしてそのはたらきかけた結果から情報をとりいれ，世界を知っていく。

この時期に注目される現象に，物の永続性の獲得がある。物の永続性とは，モノが自分の視野から消えてもやはりそこにあるということが理解できること，を指している。私たち大人にとってはあまりにあたりまえのことであるが，赤ちゃんにとっては，そうではない。

たとえば，生後6ヶ月の赤ちゃんが興味を示して手を伸ばしているオモチャにタオルをかけて隠してしまうと，赤ちゃんはどうするだろうか。6ヶ月くらいの赤ちゃんは，自分が今まさに手を伸ばそうとしていたオモチャであっても，タオルで隠されて見えなくなると，手を伸ばすのをやめ，視線もそこから離れてしまう。まるで，見えないものは存在しないかのようで，ピアジェ自身も，対象が見えなくなってしまうと，もうそこには存在していないと，赤ちゃんがとらえているからだと説明している。

もう少し大きくなると，もちろんこんなことはなくなり，手を伸ばしてタオルを取り除き，オモチャをとろうとする。また，1歳半を過ぎるころには，自分が見ていないときに隠されたモノでも探そうとする行動がみられる。このころには，今ここで見えていないモノであっても心の中に思い浮かべられる力，すなわち「表象」がはたらくようになり，探索行動が可能になると言われている。

このように，赤ちゃんの日常のモノとのかかわりから，赤ちゃんに認識されている世界がどのようなものかをピアジェは見出している。

### 前操作期（2～6，7歳）

前操作期はちょうど幼稚園に通う時期とも重なっている。感覚運動期の最後にあらわれはじめた「表象」を使って世界を認識する力が発達していく。

### 象徴的思考段階

この時期の特徴は，言葉が使えるようになることとも関係し，「いま，ここ」にないことをイメージしたり，象徴的なことを考えたりできるようになることである。たとえば，砂遊びを考えてみると，感覚運動期であれば，砂の感触や砂を移動させることを楽しむことが主である。前操作期になると，砂の感触を楽しむ遊びも続くが，ときには，砂を「山」にみたてたり，砂で型どりをして「ケーキ」にみたて，たべるふりをしたりする様子も思い浮かぶだろう。「ふり」や「みたて」をして「ごっこ」遊びを楽しむことは，あるものを別のもので表す象徴機能があらわれたことを意味している。この象徴機能がはたらき始めることによって，言葉を使うことができるようにもなると考えられている。つまり「ケーキ」という音が，ケーキそのものではないが，ケーキを示したものであることを理解できることが，言葉が使えるようになることには含まれているからである。このように象徴機能の発達が顕著である前操作期の前半2歳から4歳ごろを「象徴的思考段階」と呼ぶ。

### 直観的思考段階

しかし，言葉を使い始め，ある程度の論理的な考え方が可能になってくるものの，その考え方は，まだ直観的なものにとどまっているとされる。そのため前操作期の後半4歳から7歳ごろを「直観的思考段階」と呼ぶ。ピアジェはこの時期の幼児が直観的に対象の一番目立つ特徴にのみ注目することで論理的な判断を間違いやすいことを，いくつかの特徴的な保存課題を用いて明らかにしている。保存課題とは，知覚的な特徴である見た目が変化しても，量や重さなどの対象の本質的な特徴は変化しないことが理解できるかを問うものである（**表2-1**）。

例として，液量の保存を説明してみよう。直観的思考段階の子どもに，同じ形，大きさの容器に同じだけの水が入っているものを示して「同じか，異なるか」を問い，きちんと同量であることを理解していることを確認する。そののちに，実験者は，片方の容器の中身を，細長い容器にうつし，最初のままの容器のものと，うつした細長い容器のものとを並べて，入っている水の量が「同じか，異なるか」を尋ねる。すると，直観的思考段階の子どもは，どちらかが多いと答える。その理由を問うと，水面の高さに注目したり，容器の大きさに注目したりしている答えがえられる。すなわちみかけに惑わされ，直観的に判断しているのである。一定の量が，容器の形や大きさの変化

表2-1　ピアジェの保存課題にみる子どもの思考の特徴

| ピアジェの課題 | | 直観的思考段階 | 具体的操作段階 |
|---|---|---|---|
| 液量の保存 | 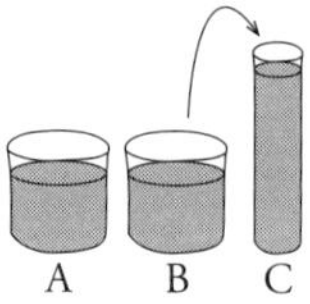 | 子どもはA，Bの容器に等量の液体が入っていることを認める。それからBをCに移しかえると液面の高さに惑わされCのほうを「たくさんだ」とこたえたり容器の太さに惑わされCのほうが「少しになった」とこたえる。 | 子どもはA，Bの容器に等量の液体が入っていることを認める。それからBをCに移しかえると，液面の高さはかわるが，CにはAと等しい量の液体が入っていることを理解する。 |
| 数の保存 | 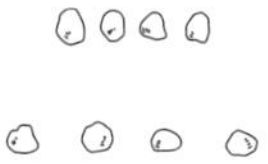 | 子どもは2つの列の長さや密度のちがいに惑わされて，ならべ方しだいで数が多くも少なくもなると判断する。 | 子どもは，2つの列は長さと密度が異なるが，ともに同じ数であることを理解する。 |
| 物理量と重さの保存 | 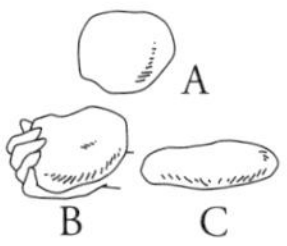 | 子どもはA，Bの粘土のボールが等しい量で，同じ重さであることをまず認める。それからBをつぶしてCのソーセージ型にすると，大きさのちがいや長さのちがいに着目して，量は変化し，重さもかわるとこたえる。 | 子どもはA，Bの粘土ボールが等しい量で，同じ重さであることをまず認める。それからBをつぶしてCのようにしても，それはBのときと等しい量でしかも同じ重さであることを理解する。 |
| 長さの保存 | 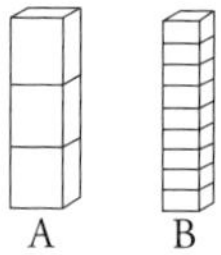 | 子どもは個数の異なった積木を使って，Aと同じ高さの塔をつくることができない。 | 子どもは個数の異なった積木を使って，Aと同じ高さの塔をつくることができる。 |
| 客観的空間の保存 |  | 子どもはテーブルの上の山がもう1人の子どもにどのように見えるか表象できない。自分に家が見えていると，もう1人の子どもも見えていると思っている。 | 子どもはテーブル上の山がもう1人の子どもにどのように見えるかを表象できる。すなわち，自分に見えている家が相手の子どもには見えないことが理解できる。 |

（内田，2008, p.136）

によって変わらないという「保存」の概念がまだ成立していないと，とらえられるのである。

さらにピアジェは，子どもがものごとを自分の視点からのみとらえて，他の人からの視点ではとらえられないことを三つ山課題を用いて示している。

三つ山課題とは**表2-1**にある「客観的空間の保存」のような課題で，立体的な3つの山の模型を使って行われる。4～5歳の子どもは自分の位置から見えている景色の写真を選ぶことはできるが，自分とは反対側にいる人の視点からの景色の写真を正しく選ぶことが難しい。このように，他者の視点から見ることが困難なこの時期の性質をピアジェは「自己中心性」と呼んだ。自己中心性は，わがままや利己主義という意味ではなく，自分の見方・視点から逃れることができず，他者が自分とは異なる視点を持っていることが理解できないことを指している。

このように象徴的機能は発達してくるが，保存の概念が未成立であること，自己の視点にとらわれていることが，前操作期の大きな特徴とされる。

### 具体的操作期（6，7～11，12歳）

具体的操作期は，小学校に通う時期と重なっている。前操作期の直観的思考段階では難しかった保存課題が，具体物を動かすことができる状況であれば理解することが可能になってくるため，具体的操作期と名付けられている。

この時期の認知の特徴としては，まず保存性の操作の理解があげられる。すなわち保存課題で，前操作期には理解が難しかった，対象のみかけが変化しても，液量，数，物質量，長さなどの本質的特徴は変化しないことが理解できるようになる。たとえば，さきほど例にあげた液量の保存課題であれば，実験者が，片方の容器の中身を，細長い容器にうつし，最初のままの容器のものと，うつした細長い容器のものとを並べて，入っている水の量が「同じか，異なるか」を尋ねると，「同じ」であると判断ができる。また，なぜ「同じ」であるかを尋ねると「もともと同じだったのをうつしただけだから」「もとに戻せば同じだから」など，みかけが変わっただけであることをきちんと説明できる。

また，2つの視点からものごとを見ることが可能になってくるため，三つ山課題に正答することも可能になってくる。

さらに，系列化の操作の理解も可能になってくる。系列化とは，長さの違う棒を10本ほど用意し，長さの順に並べさせる課題で調べることができる。同じ課題を前操作期の子どもに頼むと，2つずつ比べて「長い棒」と「短い棒」の判断をすることができるが，結局いつまでも並べられずばらばらになってしまったり，「長い棒」と「短い棒」のグループにわけたりしてしまい，全部を順番に並べることは難しい。ところが，具体的操作期になると，全部をそろえて順番にとりだしていくなど，相対関係を理解した操作をすることができるようになる。

また，分類の操作の理解も可能になると言われている。この時期に可能になる分類には，加法的分類と乗法的分類があるという。加法的分類は，生物は動物と植物を合わせたものであるといった，集合Ａと集合Ｂを合わせると集合Ｃになるという関係が理解できることである。また，乗法的分類とは，２つの分類たとえば形（丸形と星形），色（白と黒）をかけあわせてできるすべての組み合わせを考えることができることである。

### 形式的操作期（11，12歳～）

形式的操作期は，小学校高学年から，中学生の時期に始まる。具体物にしばられることなく，操作が可能になる。問題の内容と形式を分離し，内容が，具体的なことだけではなく，抽象的なものや現実を超えた可能性の問題，事実とは反する仮定的な出来事についても，論理的に考えられるようになる。仮説を立て，仮説に基づいて推論していく仮説演繹《えんえき》的思考や，その仮説を検証するために多数の変数や条件を考慮しながら実験を重ね，実験結果に合う仮説を立てられるといった実験的帰納《きのう》ができるようになる。

命題についての推理についてピアジェ（Piaget, 1947; 波多野他訳，1960）は次の問いを示している。「エディスはスザンヌよりも髪の色があかるい（金髪だ）。エディスはリリーよりも髪の色が濃い（褐色だ）。では，３人のうちで誰の髪の色が一番濃いでしょうか」というものである。具体的操作期より前の子どもは「エディスとスザンヌは髪の色があかるい。エディスとリリーは髪の色が濃い。だから，リリーが一番濃く，スザンヌが一番あかるく，エディスは中間だ」というように，整理できていない対を作る答えになる。しかし，形式的操作期の子どもは「スザンヌが一番濃い」と言葉で仮定されたことをもとに形式によって結論を出すことができる。

ピアジェは，この時期に可能になる論理的思考として，組み合わせ的思考をあげる。組み合わせ的思考とは，たとえば，4種類の無色の液体を使ってできる15通りの組み合わせを系統的に調べていく力をみるものである。

また，関連要因の発見もあげられる。これは，振り子の振動数を規定する要因を，重りの重さ，ひもの長さ，重りを投下する位置，重りを投下するときの力の入れ方の4要因から実験的に発見する課題などで調べられる。さらに，比例概念として，算数や数学における比と比例の問題，さらには，天秤のつりあいや光源からの距離と影の大きさの関係などの問題も理解することができるようになる。

**ピアジェの貢献**

このようにピアジェは，日常生活において子どもと直接かかわる観察や臨床法と自らが呼んだ子どもへのインタビューを通して子ども独自の考え方をとらえようとした。ピアジェの理論における子どもは，自ら能動的に世界を探索し，積極的に自分の知識を構築する存在，主体的に学ぼうとしていく生き生きとした姿としてとらえられる。また，大人とは異なる子ども独自の考え方に注目し，それまでの未熟な存在としての子ども観から子どもらしさ，子ども独自の認識の世界を明らかにしたともいえる。これらの点はピアジェ理論の大きな功績である。

## 第2節　ピアジェその後

### （1）領域一般性から領域固有性へ

ピアジェの発達の段階説は，各段階がある特徴を持った全体構造を持つと考えられている。たとえば，具体的操作段階であれば，推移律，保存性，クラスの包摂関係はほぼ同時にわかり，形式的操作期であれば，命題や仮説に基づく推理，組み合わせや比例に関する推理などが全般的に可能になるとしている。このような考え方を領域一般性と呼ぶ。

だが，ピアジェ以降の研究においては，これらの領域の理解が同時に獲得されるわけではないことや，ある領域で訓練を受けても，訓練を受けなかったほかの領域に転移がおこらないことから，全体構造での発達よりも，それぞれの領域固有の発達プロセスがあることが指摘されている。

### （2）子どもが考えるときの支え

シーガル（Siegal, M.）は，ピアジェの保存課題における質問が，子どもにとって誤解されるような構造であることを指摘している。

ピアジェの保存課題は，第1節でも説明したが，一定の尋ねる手続きがある。ここでは数の保存課題を例にその構造を確かめてみる。

①等価性：まず実験者は，子どもと向かいあって座り，机の上に青いおはじきを8個くらい1列に並べる。そして，子どもに「赤いおはじきをこれと同じだけおきなさい」「先生が並べたのと同じだけおいてください」（ちょうど同じだけ，きっちり同じだけ，多くないように，少なくないようにという言い方でもよい）と言う。そのとき子どもがどんなやり方をするか記録しておく。もし必要なら実験者は子どもが並べた赤いおはじきを1対1対応に並べて，子どもにこの2つの列が同じかどうかを聞く。

②保存：次に実験者は，子どもの目の前で一方の列のおはじきを広げて，「青いのは赤いのと同じだけあるかしら？　こっち（青）が多い？　それともこっち（赤）が多い？　どう思う？」と聞く。

このあと，さらに正しい答えをだしたら，逆の答えを言って確認したり，青いおはじきを数えさせたのち，赤いおはじきの数を確認する問いかけもあるが，ここでは，省略する。

ここでシーガルが注目したのは，下線を付したように，おはじきの間隔を広げる前と後の2回，実験者が「青いのと赤いのとおはじきが同じか（多いか）」という質問をしていることである。日常の会話を振り返ると，同じ質問のくりかえしは「はじめの質問に対する答えは間違っている」というメタメッセージを含んでいる。とくに，教室や大人との1対1の状態などの「教える」文脈であれば，なおさらである（みなさんにも教室でそのような経験はないだろうか）。

このことに気がついたシーガルは，この2回尋ねられるということを回避する実験を行った。たとえば，さきほどの数の保存課題の手続きであれば，おはじきの間隔を広げるまでの手続きを，ある実験者がまったく同様に行ったところで，ほかの実験者がそこに訪れ，交代する。そして，交代した実験者がまったく同じように尋ねたところ，多くの幼児が数の保存課題に正しく答えられたのである。

この実験からみえることは，幼児でも，具体的なものでの論理的思考がまったくできないわけではない。子どもたちの認知の力は，このようにちょっとしたまわりとのやりとりのあり方，考えている文脈によって見え方が変わりうるのである。

### （3）かかわりあいの中で子どもを見る

レディ（Reddy, 2008; 佐伯訳，2015）は，ピアジェ心理学についての批判として，ピアジェが少数の特異な観察に基づいていることと，参加者と潜在的に緊密な関係にあることの二つがよくあげられるが，そのいずれもが問題ではないとする。レディは，ピアジェの研究の問題となる点は，むしろ，その緊密関係，二人称的かかわりあいこそが豊かな情報を提供しているのにそれを無視していることであることを指摘している。

> 観察63.　0：10（3）Jは鼻を母親のほおに近づけて押しつけた。そのため，彼女は息がつまって，大きな音を立てて荒い息になった。この現象に彼女はただちに興味を示し，単に繰り返したり，探索するために若干バリエーションを加える代わりに，そのこと自体をおもしろがって，ただちに多様に変化させた。1～2インチ引き離して，鼻をねじり，クンクン嗅ぐのと息を吐き出すのとを激しく交互させ（あたかも鼻をかむように），自分の鼻を母親のほおにはげしくぶち当てて，けらけらと笑った。この行為は，少なくとも1日一回，それを1か月以上儀式的に繰り返していた。

ピアジェの観察はジャックリーヌ個人の行為と感覚的興味に焦点を当

てている。観察は他者や彼自身からの反応は含んでいない（もしも，それがあったとしても，この現象とは無関係なことと見なされていただろう）。しかしながら，この特定の事例についていえば，ほおに鼻をこすりつけられて息を吹き込まれ，さらに耳では10か月の娘が心から笑っているのを聞いているはずの母親が無反応だとは到底信じがたい。あるいは，この後に続けて，他の人たちが何の反応も示さなかったというのも，さらにジャックリーヌの行為や興味を示したことが彼らに何のインパクトも与えなかったというのも，信じられないことである。ピアジェのジャックリーヌの観察は，彼女が興味を示したことや，好奇心をもったこと，遊び心になったことなどを鋭く目に留めているにもかかわらず，彼女については彼自身とは距離を置いた，かかわりのないものとして描かれている。こういうことが欠けているということは科学にとって問題である。この事例で言えば，対人的感情や反応は当該の行為の発達やさらなる探求にとってどのようにかかわるかは完全に無視されている。観察者がおもしろがることは，赤ちゃんが彼らをおもしろがらせることを楽しんでいることを気づかせてくれたかもしれない。そのことはまた，観察者に，その現象が動機づけや情動と結びついていることを敏感に気づかせてくれたかもしれない。私たちが観察している現象を感じ取ること（feeling for）は，それを観察することをより鋭敏なものにしてくれるのである。関係的な知というのは両刃の剣である。関係がなければ，私たちは何もわからない（あるいは，せいぜい，全く別の，ゆがんだ方法でわかることだけがわかる）。しかし，関係があっても，私たちはその関係に固有のことだけしかわからない。（Reddy, 2008; 佐伯訳，2015, pp.47-49）

レディの言葉を手がかりに考えると，ピアジェの記述では，客観的な子どもの行為，興味のみから，その子どものシェマ，表象の体系にのみ注目している。ところが，注目がそこにあることで，そもそも，そのような子どものシェマや表象の体系ととらえられる行為が成立する関係，かかわりあいがない記述となっている。ある子どもの行為は，それ独自でぽっかり生じるものではない。子どもの行為はまわりに応じてなされ，また，その子どもの行為をまわりがどのように受けとめ応じているのか，ということと密接に関係をしているのである。

## ■引用文献

Piaget, J., *La Psychologie de l'intelligence*, Colin, 1947（ピアジェ，J.『知能の心理学』波多野完治・滝沢武久訳，みすず書房，282-283，1960年）

Piaget, J., *La naissance de l'intelligence chez l'enfant, 2ᵉ ed*, Neuchâtel, Delachaux & Niestlé, 1948（ピアジェ，J.『知能の誕生』谷村覚・浜田寿美男訳，ミネルヴァ書房，1978年）

Reddy, V., *How infants know minds*, Harvard University Press, 2008（レディ，V.『驚くべき乳幼児の心の世界──「二人称的アプローチ」から見えてくること』佐伯胖訳，ミネルヴァ書房，2015年）

内田伸子『幼児心理学への招待──子どもの世界づくり（改訂版）』サイエンス社，136，2008年

## ■課題

1. 乳幼児が遊んでいる様子を，ピアジェの感覚運動期，前操作期の視点で説明しよう。
2. 小学生，中学生が取り組んでいる宿題で考えているプロセスを，ピアジェの具体的操作期，形式的操作期の視点で説明しよう。
3. 子どもたちが考えていることをどのように支援することが可能か，その対話のありようを考えよう。

## ■参考図書

シーガル，M.『子どもは誤解されている──「発達」の神話に隠された能力』鈴木敦子・外山紀子・鈴木宏昭訳，新曜社，1993年

# 第2部
# 学習のプロセスと授業づくり

第２部では，学習のプロセスと授業づくりについて学んでいく。

まず学習の理論について学び，学習へのとらえ方について整理した上で，学習に関わる諸要因やそれをふまえた学習形態について学んでいくこととなる。どのような変化をもって学習が成立しているとみなすのかについては複数の立場があり，それによって目指すところも異なってくる。どの考え方が正しいというものではなく，自分がどのような考え方をしやすいのか，どのような考え方に賛同するのか，といったことを振り返ってみることにより，自分自身の教育観や学習観の見直しにつながるのではないだろうか。

また，個人で学習を進める場合や他者と一緒に学習を進める場合の過程を確認するとともに，そのような観点から授業を組み立てていく上で影響してくる動機づけや教室の中の個人差といったテーマについても扱っていく。実際に教室で子どもたちと向かい合う場合には，テキストに書かれた説明のようにうまくいかないと感じることも多いだろう。ただ，これらの理論を学ぶことにより，複雑な状況を紐解くように整理することができれば，多少なりとも解決の糸口が見えてくるのではないかと考えられる。

第２部の学習を通じて，これまでに受けてきた授業の背景を知るとともに，自分の学習についても振り返り，今後の授業づくりに生かしていくことが期待される。

# 第3章　学習の理論

本章では，行動論，認知論，状況論という3つの立場から，学習はそれぞれどのようにとらえられるのかについて学ぶ。どのようなことが起これば学習が成立したとみなされるのかは，立場によって考え方が異なる。そのため，ある立場から見ると学習したとみなされる状態も，別の見方をすれば学習していないとみなされることもあり得る。これはいずれかが正しくて，いずれかが誤っているというものではなく，考え方の違いである。私たちの日常において起こる学習の中には，いずれの考え方で説明できるものも含まれる。それぞれの考え方にはどのような特徴があるのかについて，自身の経験とも結びつけながら考えていこう。

**キーワード**
行動論　認知論　状況論

## 第1節　行動論的アプローチ

行動論は，20世紀前半の米国において，さかんに研究がなされていた行動獲得（行動変容）のメカニズムに関する学習理論である。行動論を提唱する学者たちは，科学的であることを重要視し，客観的に観察が可能な目に見える行動の変容のみを研究対象とすることとした。また，人は白紙のような状態で生まれ，生まれてから後に経験や練習によって様々な行動を獲得していくという考え方（行動主義・経験主義）を提唱している。

行動論では，刺激と反応の結びつき（連合）によって行動変容を説明し，ワトソン（Watson, J.）によって研究された「古典的条件づけ」とスキナー

（Skinner, B. F.）によって研究された「道具的条件づけ」の２つがある。ここでは，これら２つに加え，行動論と認知論の両方を含む第３の行動変容メカニズムである「観察学習（社会的学習理論）」もここに含むことにする。

学校現場における子どもの行動には，友だちを助ける行動などの伸ばしてあげたい行動も多いが，危険な行動や授業中の悪ふざけなどの止めさせたい行動もある。また，子どもが怯えたり，不登校になったりするなどを含めた行動の変容がどのようなメカニズムで起こるのかを理解することは，教師にとって生活指導や学級をまとめる上で重要になる。行動変容のメカニズムを学び，子どもの行動を変化させるためには，教師はどのように向き合うべきかを考える。

## （1）古典的条件づけ——レスポンデント条件づけ

これは，最初パブロフ（Pavlov, I.）というロシアの生理学者によって発見された「信号による学習」のメカニズムである。このような古典的条件づけによる行動の変化は，人間ではとくに感情を含む行動に起こりやすい。学校現場においては，いじめなどのネガティブな経験をした子どもの行動に見られることがよくある。教師からはいじめの実像は見えにくいが，A君がB君からいじめを受けているような場合，A君はB君が近くにいるだけで，極度に不安になったり緊張してしまう傾向がある。この場合，実際に受けたいじめ（暴力などの痛み）が無条件刺激となり，それによって恐怖心（無条件反応）が引き起こされ，それがB君（本来友だち＝中性刺激であるはず）によってなされたことで，緊張や不安（条件反応）を引き出す条件刺激になったことがわかる。このように，感情を伴う子どもの行動の変化には古典的条件づけによるものが多く，教師は子どものこのような行動のわずかな変化にも気をつけねばならない。

**コラム　パブロフの犬の実験**

餌（無条件で唾液を分泌する無条件刺激）とベルの音（反応を引き起こさない中性刺激）を何度も対提示《ついていじ》すると，餌がなくてもベルの音（条件刺激）を聞いただけで唾液を分泌する（条件反応）ように行動が変化する。

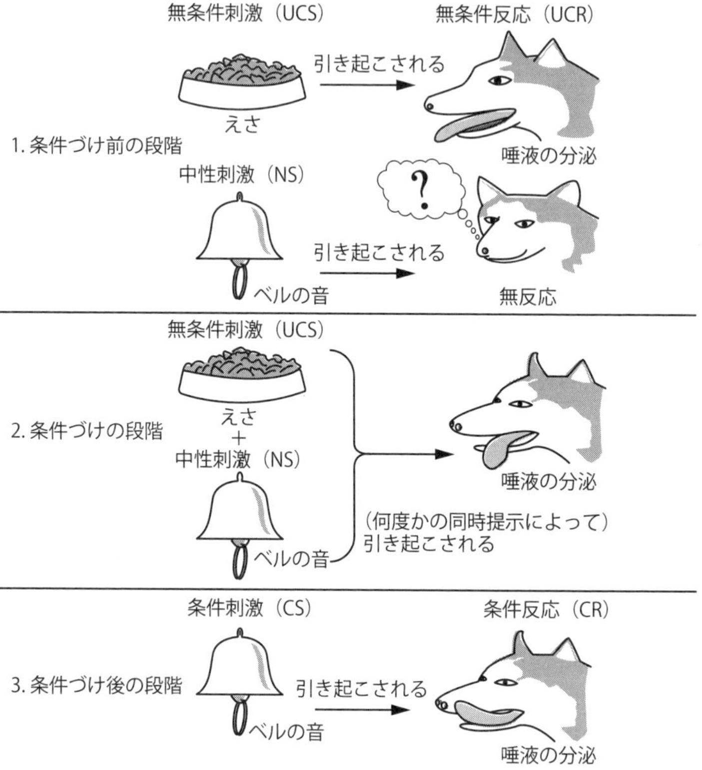


（Shaffer, D.R., 1985, Figure 7-1. The three phases of classical conditioning をもとに作成）

## （2）道具的条件づけ――オペラント条件づけ

道具的条件づけの理論は，賞と罰によって行動変容がなされる「結果による学習」のメカニズムである。家庭でのほとんどの「しつけ」はこれによってなされている。子どもが危険な行動や困った行動をすると，親は子どもを叱り（罰），そのような行動をさせないようにする。また，お手伝いをしたり，お友だちを助けたりしたときには子どもを褒めて（賞）あげることで行動の頻度を上げることができる。このように行動に伴う罰と報酬（強化）をもとに行動変容を説明する理論である。スキナーは，ハトやラットを用いて箱

（スキナーボックス）の中で実験を行い，動物（人間）の行動は，反応形成（Shaping）によって形成されるものであると提唱した。

「褒める」ことは，子どもにとって非常に強力な報酬となるが，子どもはときどき先生や親に褒められたくて勉強を頑張ることがある。このメカニズムの弱点は，行動（勉強）の目的が，「勉強の面白さ」ではなく「報酬（褒められる）を得ること」になってしまうことである。教師はこの点を認識し，賞と罰を用いるタイミングと頻度を考慮しなければならない。

**コラム　道具的条件づけ**

正の強化：勉強する―褒められる―ますます勉強する

負の強化：おしめが不快で泣く―おしめを変えてもらえる―不快になると泣く

罰：落書きをする―叱られる―落書きをしなくなる

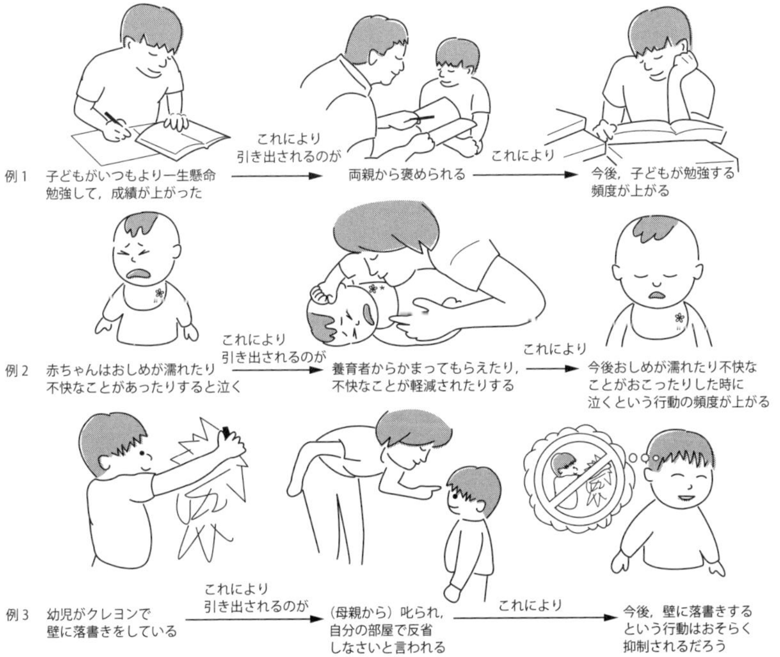


（Shaffer, D.R., 1985, Figure 7-2. Basic principles of operant conditioning をもとに作成）

## （3）観察学習――模倣学習・モデリング

観察学習の学習メカニズムは，純粋に行動論ではなく，認知論も含まれているが，行動変容のメカニズムとしてここで紹介する。観察学習とは，他者（モデル）の行動を見た（観察）だけで，自分の行動形成がなされることで，模倣学習とも言われる。たとえば，兄弟がいる場合は，兄の行動や言葉遣いを弟が真似る（模倣する）様子はよく見られる。バンデューラ（Bandura, A.）は，20世紀半ばにテレビの暴力場面が子どもにおよぼす影響を調べ，幼い子どもでも他者の行動を見ただけで学習してしまうことを実証した（コラム参照）。

**コラム　ボボドールの実験 (Bandura, A.)**

大人が人形に対して攻撃的行動をしている様子（A）を窓ガラス越しに別の部屋から見ていた子どもは，大人が部屋から出ていった後に，その部屋に連れていかれた。助手から「いろいろなおもちゃがあるから遊んでいてね」と言われ，一人になると，先程見た攻撃的行動を人形に対して行った（B, C）。

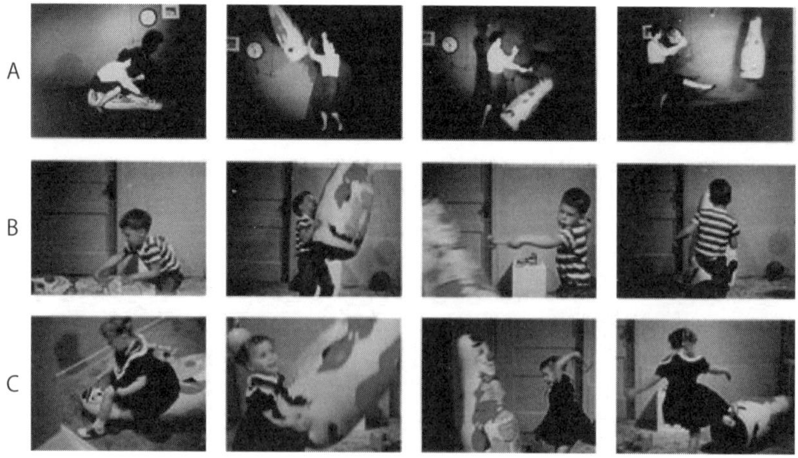


（Bobo Doll Deneyi, Wikimedia Commons）

観察学習の中には代理学習も含まれる。たとえば，兄が落書きをして母親に叱られるのを見ていた弟は，自分が叱られたわけではないが落書きをしなくなった。このとき，他者（兄）の行動（落書き）の結果（叱られる）を観察することにより，間接的に学習（道具的条件づけ）したことになり「代理学習」と呼ばれる。学校や教室でも友人や先輩の行動による代理学習もしばしば見られることがある（例：A さんが教室のごみを拾って先生に褒められたのを見ていた B さんは，自分が褒められたわけではないがごみを拾うようになった）。また，バンデューラが行った代理学習の実験では，人形に対して攻撃的行動をした大人の行動をすべての子どもが模倣したわけではなかった。とくに行動の後に罰（叱られる）を受けているのを見た女児は，模倣行動をほとんど示さなかった。このように，見ることにより行動学習するが，実際の行動として表出するかどうかは，モデルの行動がどのような結果をもたらすかを観察することによって大きく影響されることが実証された。

## 第２節　認知論的アプローチ

行動論では目に見える行動の変容をもって「学習」とみなしていたが，その過程でどのようなことが起こっているのかについては目を向けてこなかった。たとえば挨拶をしていなかった子どもが挨拶をするようになったとき，挨拶の必要性を感じて挨拶するようになった場合も，大人たちに言われるからしぶしぶ挨拶している場合も同様に「学習した」とみなすのである。

一方，認知論ではこのような学習の過程において頭の中で起こった変容に焦点を当て，学習の成立についてとらえる。つまり新しい知識の獲得やこれまでに持っていた知識の変容をもって学習とみなすこととなる。

### （1）記憶の情報処理モデル

認知心理学の分野において，記憶の過程は情報処理モデルとしてとらえられている。アトキンソンとシフリン（Atkinson & Shiffrin, 1971）によると，感覚記憶，短期記憶，長期記憶という流れの中で情報処理が行われるとされる。感覚記憶，短期記憶を経て長期記憶に知識を貯蔵していくことは知識の獲得であり，私たちは日々，認知面における学習を続けているといえる。この流れについては第 4 章において詳しく学ぶこととする。

## （2）認知構造

私たちが新しい情報に触れた際，そのままの形で頭に入っていくわけではない。というのは，私たちの頭の中にはこれまでの経験の中で作られた認知構造というものがあるからである。どのような知識を持っているのか，どのようなことに興味関心を持っているのか，どのようなことを好むのか，といったことはすべて認知構造の一部となり，新しい情報を取り込めるかどうかや，これまでに持っている知識とどのように結びつけられるのかに影響してくる。

たとえばクラス全員で，ある地方の地理について学んだとする。クラスでその内容を学ぶのは初めてであったとしても，その地方が日本の中のどのあたりにあるのかすら曖昧な子どもと，旅行で訪れたことのある子どもや親戚がその土地に住んでいて話をよく聞く子どもとでは情報の入りやすさが異なってくるであろう。これは新たな知識を学ぶ上での認知構造の違いによるものであり，同じ知識を同時に学んだとしても，その知識が個々の学習者の頭の中にどのように入っていくのかはそれぞれ異なるということになる。このように考えると，教室で一斉に学ぶ授業でも個々に理解の仕方が変わってくることが考えられる。

ブランスフォードとジョンソン（Bransford & Johnson, 1972）の実験では，以下の文章を用い，内容が理解できるかどうかを調べている。

> 手順は実際，まったく単純である。まず，物をいくつかの山に分ける。もちろん量が少なければ 1 つの山でも十分である。もし設備がないためにどこかよそへ行かなければならないのなら話は別だが，そうでなければ準備は整ったことになる。大切なことは一度にあまり多くやり過ぎないことである。つまり，一度に多くやり過ぎるよりも，むしろ少な過ぎるぐらいのほうがよい。このことの重要さはすぐにはわからないかもし

れないが，もしこの注意を守らないとすぐにやっかいなことになるし，お金もかかることになる。最初，全手順は複雑にみえるかもしれない。しかし，すぐにそれは生活の一部となるであろう。将来この仕事の必要性がなくなることを予想するのは困難であり，けっして誰もそんな予言をしないであろう。手順が完了した後，材料はふたたびいくつかのグループに分けて整理される。それからそれらは，どこか適当な場所にしまわれる。この作業が終わったものは，もう一度使用され，ふたたびこのサイクルが繰り返されることになる。面倒なことだが，しかしこれは生活の一部なのである。

一語一語が理解できなかったり，難しい表現があったりするわけではないが，文章全体として読みやすく，理解しやすいとはいえないのではないだろうか。ところが，ここに「衣類の洗濯」というタイトルがついていたらどうだろう。同じ文章がぐっと読みやすくなりはしないだろうか。また，1行目にある「物」とは汚れた衣類のことだな，「山」とは衣類のかたまりのことだな，などといったように，語句をそのまま受け取るのではなく，一語一語は何を指すのか，置き換えながら読んでいることにも気づくだろう。ブランスフォードたちの行った実験でも，読む前にタイトルを与えられると記憶や理解の程度が上がるということが示されている。もちろんタイトルを与えられたとしても洗濯を行ったことがなく，そのイメージを持てない人にとっては理解を助ける情報にはなり得ない。

この結果は，私たちが新しい情報を取り込んでいく際に，空っぽの脳に情報が入っていくのではなく，あらかじめ入っていた情報が認知構造として働き，新たに入れられた情報を結びつけながら文章の意味を受け入れていくということを示唆しているといえるだろう。

### （3）学習成果の評価

これまで述べてきたように，認知論では頭の中でどのような変容が起こったのかによって学習の成立を判断する。では，頭の中で変容が起こったのかどうかということはどのようにして見極めるのであろうか。
頭の中で起こった変容というのは外側から確認するのが容易ではない。紙ベースのテストを行って，ある問いに答えられるようになったかどうかで判断されることも多いが，ある尋ね方では答えられないが別の尋ね方をしたら答えられるといった場合にはどのように判断すればよいのだろうか。後者の尋ね方で答えられたということは多少なりとも知識の変容が起こったといえるであろう。だが，尋ね方によってはその変容をとらえることができず，学習していないとみなされることが起こり得るのである。このように外側から見えにくい変容もあることに留意し，慎重に評価を行う必要があるだろう。

## 第３節　状況論的アプローチ

行動論では行動の変容，認知論では頭の中の変容に焦点をあて，個人の学習がどのようにとらえられるかを考えてきた。今まで見てきた２つの学習の理論に共通する特徴は，学習する「個」に焦点をあてていることである。
一方で，学習は「個」のみで営まれるものではなく，社会や文化，歴史の中で，状況の中で営まれるものでもある。たとえば，さきほどの挨拶の例を考えてみよう。どのような相手に，どのようなタイミングで，どのような言葉で，どのような行為をともなって挨拶をするかは，その人が生きる文化，社会的関係の中で，その状況にふさわしい挨拶が学ばれていく。自分自身の「おはよう」の挨拶ひとつとっても，家庭内で，学校で，職場で，どんな人とかわすかで，声の調子など違うことだろう。このように，学習を，その人が参加する社会文化的な状況の中に埋め込まれているものとしてとらえる視点をここでは紹介する。

### （1）ヴィゴツキーのアイディア

発達を個人の頭の中だけで生じるものではなく，個人をとりまく状況や関係の中で生じるものとしてとらえたのは，ヴィゴツキー（Vygotsky, L. S.）である。彼は，ロシアの発達心理学者で，ピアジェ（Piaget, J.）と同じ年に生まれているが，38歳と若くして亡くなったことや当時の社会的情勢から，彼の研究が主にアメリカの研究者の再評価や再発見により，広く知られるようになったのは，1980年代に入ってからであった。

### 歴史的所産としての高次精神機能

高次精神機能とは，環境からの刺激に受動的に反応するのではなく，他者と共同し，意図的かつ能動的に行為を方向づけ環境にはたらきかけることができる，人間に固有の心の過程を指している。この機能が可能になるためには，生物学的な進化である系統発生，生まれてからの発達的変化としての個体発生だけではなく，歴史的な視点も必要であることをヴィゴツキーは主張した。

### 複数の発生領域とその関係への注目

また，ヴィゴツキーは，子どもの発達をとらえる難しさについて，系統発生と歴史発生が個体発生には合流しており，複雑でありながら，単一の過程をつくりあげていることにあると述べる。個の発達のみ，進化の過程のみ，歴史的側面のみ，というようにそれぞれの変化を見るのではなく，それが絡まりあったところ，接触したところに，人間の発達を位置づけている。

その意味でヴィゴツキーの想定する発達論から子どもを見ることは，「社会的存在としての子ども」ととらえることになる。赤ちゃんは生まれたときから，社会的関係の中で発達する。どんなにひとりでやっているようにみえることであっても，まわりの人々との関係の中で立ちあらわれているととらえることができる。

### 高次精神機能の記号による媒介

また，ヴィゴツキーの提案した中心概念のひとつは，行為は常に記号を含めた道具によって媒介されていることである。たとえば，私たちは，覚えていたいために外部の様々な手がかりを配置する。メモを書く，付箋をはる，手にしるしをつける，など自然に外側の手がかりを作り出し，利用している。何かを考えるときも常に，外部の手がかりを道具として利用しているのだ。

### 高次精神機能の社会的発生

さらにこのように媒介として記号を使用することは，生得的なものではないとする。子どもがどのように行為に記号を媒介させコントロールできるようになるかについて，ヴィゴツキーは次のように述べる。「子どもの文化的発達におけるすべての機能は，二度，二つの局面に登場する。最初は社会的局面であり，後に心理学的局面に，すなわち最初は精神間カテゴリーとして人々のあいだに，後に精神内的カテゴリーとして子どもの内部に，登場する。このことは有意的注意にも，論理的記憶にも，概念形成にも，意志の発達にも，同じようにあてはまる」（ヴィゴツキー，1970）。ヴィゴツキーは精神間機能という人とのかかわりあいの中で生じたことが，やがて精神内機能，個人の内で作用するものにとりいれられていく，内化されていくと考えた。第1章で触れた発達の最近接領域もこの考え方とともに位置づけられる。

このようにヴィゴツキーの理論をみてきたとき，周囲の他者やモノとの関係の中で立ちあらわれてくる子どもの姿がみえてくる。

## （2）正統的周辺参加

レイヴとウェンガー（Lave & Wenger, 1991）は，「学校」以外の近代工業生産とは離れた，徒弟制社会の中で人々が，どのように「学んで」いるかを詳細に観察し，人間の学習は本来，「徒弟的」なものであると提起した。彼女たちは，『状況に埋め込まれた学習』の中で，たとえば，リベリアの仕立て屋において新参者がどのように参加していくかを描いている。最初は，アイロンがけやボタンつけのような，失敗してもやり直しがきく，けれども洋服をつくることにかかわりのあることから始め，次第に，縫製や裁断のような，やり直しのきかない重要な仕事を担うようになっていく。また，この参加のプロセスは直接教わるよりも，熟練者やほかの徒弟とかかわる中で，自ら課題を見つけて克服していく。新参者の仕事は周辺的ではあるが，実践共同体の活動においては必要不可欠な正統的なものでもある。そして，この参加のプロセスの中で，様々な仕立て屋にかかわる技術も身につけるが，それは，その仕立て屋における社会的諸関係の変容，なにより，その人自身のアイデンティティの変容をもともなったものである。人間の学習は本来，共同体の実践への参加を通して，自らのアイデンティティをつくるものである。

彼女たちのとらえた実生活の学びの特徴は，ホンモノに触れる，文化とかかわる正統的（Legitimate）活動であり，影響力の少ない仕事である周辺（Peripheral）から，他者とともに，共同体の実践に参加する（Participation）ことである。学習の分析単位を「認知」の水準ではなく，「参加」過程の水準としてとらえ，変容していくのは，①知識や技能，②周囲の人々やものと学習者との関係性，③アイデンティティと成員性，ととらえているのである。

この正統的周辺参加において，「学び」の見方は大きく変化している。まず，「学び」が，本来的に「共同的実践への参加」とすることは，学びが教授学習を前提とした「個人の営み」ではなく，「互いの学び合い」こそが学びの本来のありようであることを示している。さらに，学びは，実践と切り離された脱文脈的なものではなく，学習者のアイデンティティ形成過程であり，自分探し，「自分が生かされ，自らが生きる」共同体を求めることでもある。この「学び」の視点からみた教師は，実践共同体に「ともに参加する」共同体の成員の一人であり，「学び合い」の達人というスタンスになる。また，子どもから多くを学ぶ存在，学びを誘う，率先して「よさ」を発見し，味わう存在ともとらえられる。

## （3）状況に埋め込まれた学習をとらえる

このような社会文化的な発達，状況に埋め込まれた学習をとらえるには，特定の場面の特定の能力をとらえるのではなく，学習のプロセス自体，学びの軌跡を多面的に長期的にとらえる視点が必要になる。

学びの現場では，ドキュメンテーションやポートフォリオなど，学習者自身も参加するような学習プロセスを示すかたちが用いられ始めている。ドキュメンテーションとは，活動やプロセスの特徴について記録したものである。テキストに限らず，写真や絵，図表も頻繁に用いられ，ビデオ，音声データなどが含まれる場合もある。そしてこのドキュメンテーションは，教師，保護者，何よりも子ども自身も共有して，学びを深めていく道具となる。

ポートフォリオは，特定の目的に沿って学び手が自発的に学びの努力や成長を多面的，長期的に記録したものである。新たな学びに生かすために様々な成果物を集めたものを指すことが多い。ポートフォリオは，もともとは，専門職，たとえば建築家などの業績一覧，資産家の資産一覧を指す言葉であった。現在，学校の文脈では，学習活動の記録，活動プロセスの見られる作品，資料を指し，学習者自身が作成する場合が多くみられる。

## ■引用文献


Atkinson, R. C. & Shiffrin, R. M., The control of short-term memory, *Scientific American*, 225(2), 82-90, 1971

Bransford, J. D. & Johnson, M. K., Contextual Prerequisites for Understanding: Some Investigations of Comprehension and Recall, *Journal of Verbal Learning and Verbal Behavior*, 11, 717-726, 1972

Lave, J. & Wenger, E., *Situated learning: Legitimate peripheral Participation*, Cambridge: Cambridge University Press, 1991（レイヴ, J. & ウェンガー, E.『状況に埋め込まれた学習――正統的周辺参加』佐伯胖訳，産業図書，1993年）

Shaffer, D. R., *Developmental Psychology*, Brooks/Cole Publishing Company, 1985

ヴィゴツキー，L. S.『精神発達の理論』柴田義松訳，明治図書，1970年


## ■課題

1. 行動論，認知論，状況論では学習をどのようにみなすのかについて自分の言葉で説明しよう。
2. 上記3つの考え方によって説明できる「学習」の例について，これまでの自身の経験の中からそれぞれ具体例を挙げよう。
3. 上記3つの考え方の中であなたが最も好むのはどの考え方だろうか。その理由も説明しよう。

## ■参考図書


西林克彦『間違いだらけの学習論――なぜ勉強が身につかないか』新曜社，1994年

高木光太郎「ヴィゴツキー理論の可能性と実践の文化人類学」『文化心理学』田島信元編，朝倉書店，2008年

山内光哉・春木豊『グラフィック学習心理学――行動と認知』サイエンス社，2001年

# 第４章　知識の獲得と問題解決

人は，成長過程において多くのことを学び，それらは記憶として脳内に保存される。子どもの日々の学びがどのようにして記憶として蓄積されるのかという記憶のメカニズムを理解することは，子どもの学びのプロセスを理解する上で重要であると思われる。ここでは，記憶のメカニズムを認知心理学の情報処理理論をもとに説明し，学びの過程としての試行錯誤や洞察について心理学的な研究を紹介する。子どもの知識獲得や問題解決のプロセスの理解は，教える立場の教師にとっては，必要不可欠であると思われる。

**キーワード**
ワーキングメモリー　長期記憶　記憶の種類　試行錯誤　洞察

## 第１節　記憶の情報処理理論と知識

### （1）記憶のモデル

心理学においては，人がどのくらい長く覚えていることができるのか（記憶の保持時間），一度にどのくらいの量を記憶することが可能なのか（記憶の容量）などが19世紀から研究されてきた。記憶の研究が飛躍的に促進されたのが，20世紀半ば以降であり，科学技術の発達によりコンピュータが目覚ましく発展したことが大きく貢献している。人間の記憶のメカニズムは，コンピュータになぞらえてモデル化することで，大きく進歩した（Atkinson & Shiffrin, 1968）。この理論を記憶の情報処理理論と呼び，人間の記憶の貯蔵庫は，大きく３つ（感覚記憶・短期記憶・長期記憶）の構成要素にわけることができる（コラム参照）。

### 記憶の情報処理モデルと注意・符号化・検索

**感覚記憶**　私たちは，常に感覚器官（主に五感）を通して環境から情報を取り込んでいる。しかしながら，ほとんどの情報（それぞれの感覚器官特有の刺激）は，各々の感覚器官までは届いてもそこで瞬時に失われるものが多い，大量の情報の中で，ほとんどの情報を無視して「**選択的注意**（selective attention）」を払った情報のみが，次の記憶の処理段階である「短期記憶」に送られる。たとえば，授業中に教師の声は，児童に平等に届いているが，よそ見をしたり友だちと雑談したりなどして注意を払っていない児童は，教師の声の刺激は感覚器官（耳）までは届いているが，短期記憶に移行されないために，感覚記憶の段階で一瞬にして失われてしまう。したがって，授業においては，児童の注意を教師に向けさせることが重要な課題である。

**短期記憶**　注意を向けられた情報は，一時的に保持する場である短期記憶に移行される。これは，コンピュータにおいては，RAM（ランダムアクセス

**コラム　記憶の情報処理モデル**

アトキンソン，R. C. とシフリンによって提唱された記憶の情報処理モデルは，3つの構成要素である感覚記憶・短期記憶・長期記憶からなる。

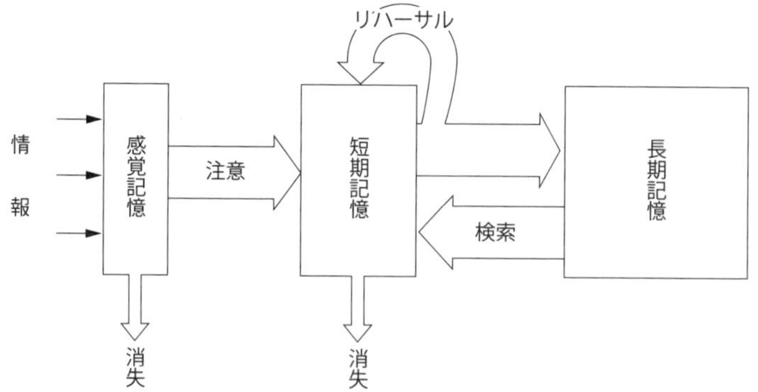

メモリまたは，単にメモリと呼ばれることが多い）に相当し，現在進行形で思考し考えるために必要な記憶の場（作業記憶またはワーキングメモリー）でもある。たとえば，本を読むときは，読んでいる内容を一時的に保持しながら，文中にある漢字の意味や読み方を長期記憶の中から検索しなければならない。この処理に必要な記憶を**ワーキングメモリー**という。短期記憶の保持時間は，15秒前後と言われている。友だちの電話番号を一度だけ聞いても10数秒しか覚えていることができないことは経験済みであろう。また，一度に覚えられる内容（記憶の容量）も限りがあると考えられ，7±2チャンク（情報のまとまりをチャンクと呼ぶ）が平均的な大人の記憶容量であるとされた（Miller, G., 1956）。大人が意味のないランダムな数字を覚えるとき，7ケタ±2ケタが平均的に記憶容量の限界であるが，10ケタにもなる電話番号を覚えやすくする方法がある。ランダムな数字であってもパターンを見つけ，グループ化（カテゴリー化＝**チャンク化**）することによって短期記憶の負荷を少なくすることができる。最初の3ケタは市外局番，次の3ケタは地区などに割り振られたローカル番号，最後の4ケタは各電話に割り当てられた番号となっている。電話番号は3チャンクしかなく，7チャンクより少なくて済むために比較的覚えやすいのである。このように，意味のない数字をグループ化したり意味を付与したりすることを**符号化**すると言い，これにより一時的に短期記憶の保持時間を延ばすこともでき，それが長期記憶化することもある。

**長期記憶**　コンピュータのハードディスクに相当し，長期にわたって記憶内容を保持する役割を担う。長期記憶の容量に限界はないと言われており，保持時間も半永久的であるとされている。しかしながら，短期記憶の内容を長期記憶化するための方略（符号化）が必要となる。

### 長期記憶化の方略――反復復唱・体制化・精緻化

長期記憶化するために，子どもたちが最初に経験する方略は，反復復唱（リハーサル）である。小学校の低学年からこの方略は様々な教科で用いられており，算数の時間には九九を大声で反復復唱し，国語の時間には漢字の書き取りを繰り返す。次に経験するのは，体制化であるが，これは情報をまとまりにして覚えやすくする方略である。理科の時間には，動物・植物の種類について学び，社会の時間には社会の仕組みや地域のまとまりについて学ぶ。これらは，系統的に情報をまとめることであり，それが長期記憶化を助けることになる。高学年になると歴史の時間には歴史上重要な年号を学ぶが，そのときの覚え方が精緻化である。794年の平安京遷都は，「なくよ・うぐいす・へいあんきょう」と覚えたに違いない。これは，794という意味のない数字に意味とイメージを付与することにより長期記憶化を助けていることになる。しかしながら，この精緻化方略が可能になるためには，ある程度の知識が必要であり，小学校高学年になるまでこの方略の自発的な使用は困難であると考えられている。

一度，覚えたつもりでもなかなか思い出せない情報があることを私たちは時々経験する。これは，長期記憶から取り出す際の「検索」がうまく働かなかったことが原因と考えられる。キーワードをもとにインターネットで検索するように，私たちも何かを思い出すときには，検索が必要となる。検索がうまくいくかどうかは，どれほど深く記憶（情報処理）されているかどうかにも関わっている。

### （2） 記憶の種類（記憶内容としての知識の種類）

記憶の種類として大きく2つ（宣言的記憶と非宣言的記憶）にわけることができる。宣言的記憶とは言葉で表現できる記憶であり，その中にも2つの種類「**意味記憶**」・「**エピソード記憶**」がある。非宣言的記憶は言葉で表現できない記憶で「**手続き的記憶**」とも呼ばれている。

**意味記憶**　学校教育の中で学ぶ知識は，「意味記憶」である。学校で学ぶ知識以外にも私たちがなにかを言葉で学ぶとき，意味を理解して意識して努力しなければ長期記憶化することが困難である。そのために，受験勉強やテストの前には大変な努力（反復復唱・体制化・精緻化など）をして子どもたちは知識を覚えようとする。

**エピソード記憶**　毎日の生活の中で，私たちが経験するできごと（エピソード）や見たり聞いたりして印象に残ったことなどが記憶に残るとき，エピソード記憶と呼ばれる。しかしながら毎日繰り返される同じような経験のほとんどを私たちは覚えていない。非日常的経験やうれしい・かなしい・おどろきなどの感情が喚起された経験はエピソード記憶として残りやすい。10日前のランチに何を食べたか，誰と一緒にいたかを覚えている人は少ないであろう。しかし，入学式の日のランチに何を食べたか，誰と一緒に食べたかを覚えている学生は多いかもしれない。これは，特別な感情とともに経験されたことであり，感情が喚起されると，努力もなく記憶に残りやすくなる。また，地震や災害を経験したときのネガティブな感情も強烈な感情を喚起したときの行動は記憶に残りやすい。

**手続き的記憶**　言葉で表現できない記憶は，プロセス自体が記憶内容となる身体で覚える記憶であり「技の記憶」とも呼ばれている。子どもは幼いころから，言葉だけでなく繰り返しの練習によって様々なプロセスを身体で覚えていく。お箸の使い方も，自転車に乗れるようになるのも，繰り返しの練習によって身体で覚えたことであり，一度身体で覚えた技は半永久的に記憶される。子どものころにピアノやバイオリンを習った人は，身体が演奏技術を覚えているだろう。サッカーや野球，スノーボードを練習したことがあれば，その技術を獲得するまでに，どれほど大変な練習が必要か，また言葉で教えられても身体で覚えなければ，技術を獲得することができないことを身をもって経験しているであろう。演奏技術やスポーツだけでなく，練習や訓練によって獲得される多くの技術（職人技はすべて入る）はこの手続き的記憶によるものである。

## 第2節　問題解決（思考）のプロセス

私たちは，日々の生活の中で常に何らかの問題を解決する状況に遭遇している。たとえば，高いところにおいてある本を取ろうとするとき，手が届かないという問題を解決するために，椅子を持ってきてその上に上り，本を取る。そのような何気ない行動も人間の問題解決の結果である。子どもたちは毎日の学校生活において，授業の内外で様々な問題解決を行っている。典型的な問題解決のプロセスには，試行錯誤と洞察がある。

## （1）試行錯誤による問題解決

ある問題に対して，手当たり次第にありとあらゆる方法を試す途中で偶然に解決に至るような場合は，試行錯誤による問題解決である。19世紀には，ソーンダイク（Thorndike, E.L.）が以下のような実験によって試行錯誤の問題解決を提唱している。これは，課題に対して知識が少なく，何ら有効な方略がないとき，試行錯誤（トライアルアンドエラー）で情報収集すると考えられ，最終的には，有効な行動のみが残ると考えられる。

**コラム　ソーンダイク（Thorndike, E. L.）の問題箱**

試行錯誤的問題解決：問題箱はペダルを踏んで紐が引っ張られると扉が開くしくみになっている。外にエサを置いて空腹なネコを箱の中に入れると，様々な行動（引っかいたり威嚇したり）の末，偶然にペダルを踏んで紐をひっぱり扉を開けて外に出ることになる。そうするとエサにありつける。回を重ねるごとに問題箱（刺激）の中に入れられると紐を引く行動（問題解決反応）が早く起こるようになる「効果の法則」が見られる。

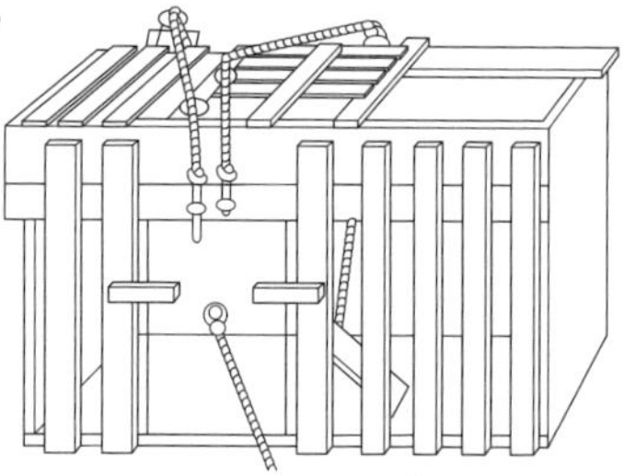

（Thorndike, E. L., 1898より作成）

## （2）洞察（Insight）による問題解決

日常生活の中である問題に取り組んでいるとき「あ，そうか，わかった」というように，今までできなかったことに対して解決方略が閃《ひらめ》いた経験を持つ人は少なくないであろう。これが，洞察のプロセスであり，ケーラーは以下のような実験過程で，試行錯誤による問題解決ではない洞察による問題解決のプロセスを実証した。洞察はヒラメキによって問題状況において何が有効な手段であるかを「見通す」ことができることをいう。学習において問題を解いている状況下で，今までわからなかったことが，解決に至る方法を思いついたとき（aha 体験ともいう），洞察によるものと考えられる。これは，子どもたちの教科学習における深い学習にもつながり，また，毎日の生活の中での課題解決など，いろいろな場面で重要な思考プロセスであると考えられている。

**コラム　ケーラー（Kohler, W.）の洞察的問題解決**

お腹を空かせたチンパンジーは天井にぶら下がるバナナを食べたいが，何度飛びついても手が届かない。あるとき部屋の隅にある箱を見つけ，バナナを取るという目的のために箱を道具として使用する手段を思いつく。

（ケーラー , W., 1962より作成）

■引用文献


Atkinson, R. C. & Shiffrin, R. M., Human Memory: A proposed system and its control process, In Spence, K. W. & Spence, J. T.（Eds.）, *The psychology of learning and motivation*, Vol.2, New York: Academic press, 89-195, 1968

ケーラー , W.『類人猿の知恵試験』宮孝一訳，岩波書店，1962年

Miller, G. A., The magical number seven plus and minus two: Some limits on our capacity for processing information, *Psychological Review*, 63, 81-97, 1956

Thorndike, E. L., Animal intelligence: An experimental study of concepts for sequential patterns. *Psychological Review*, 70, 534-546, 1989


■課題

1. 子どもは，どのような状況下において学習すると記憶に残りやすいだろうか。
2. 子どもに注意を向けさせるための方法を考えよう。
3. 洞察による学びを促進するには，教師は子どもに対して何ができるだろうか。

# 第５章　学習への意欲と動機づけ

学校教育では，子どもたちの学習に対する意欲や動機づけを高めることが求められる。本章では，学習への意欲や動機づけにはどのようなものがあるのか，またそれらに関連する要因について学習する。まず，動機づけのもとになる欲求について，マズローの欲求階層説を紹介した後，動機づけの代表的な分類である内発的動機づけと外発的動機づけについて取り上げる。内発的動機づけと外発的動機づけは，相互に影響するものであるため，両者の関連性や，一次元的にとらえる自己決定理論も取り上げる。

また，学習への動機づけは，個人のコンピテンスや自己効力感，原因帰属と関連することが明らかとなっている。こうした動機づけと関連する諸要因についても考えてほしい。

**キーワード**

学習意欲　内発的動機づけ　外発的動機づけ　アンダーマイニング現象　学習性無力感　自己効力感　コンピテンス　原因帰属

## 第１節　内発的動機づけと外発的動機づけ

本来，「意欲」という言葉は，どちらかというと日常用語であり，プラスの価値が含まれているため，「意欲」を良いものであると考えがちである。「意欲」とは，「やりたい」という強い欲求を行動の原動力として，意図的，計画的に目的の実現までやり抜こうとする意志を合わせた心理現象であると説明される（鹿毛，2013）。これをふまえると，「学習意欲」とは，「学びたい」という欲求や「学習を成し遂げよう」とする意志に根ざした「学ぼうとする心理現象」ということになる。

意欲に対して，「動機づけ」という言葉は，価値中立的な学術用語であり，意欲だけでなく，行動一般が出現する心理学的メカニズムを包括する用語でもある（鹿毛，2013）。「意欲」は動機づけという心理的メカニズムとプロセスによって規定されているため，本章では主に学習に関する動機づけを取り上げる。

## （1）欲求と動機づけ

欲求は「〇〇したい」という漠然としたものであり，具体的な目標を持たない。それに対し，動機づけは，ある欲求を満たすために，特定の目標に行動を定め，その行動を維持したり，調整したりすることを通して，一定の方向に導くプロセスを指す（**図5-1**）。たとえば，テストの前に「良い点数を取りたい」という欲求に対して，「計画的にテスト勉強をして，テストで良い点数を取れるようにしよう」と具体的な目標に向かって行動を導くのは，動機づけの働きである。そして，「毎日計画的に勉強する」という行動が起こり，「テストで良い点数を出す」という目標を達成し，その結果「やり遂げた」という満足を得る。場合によっては，テストで良い点数を取ったことによって，親から褒められたり，お小遣いをもらえるなどの報酬を得ることができるかもしれない。ここで満足して終わる場合もあるが，さらに「次回のテストではもっと高い点数を取りたい」という新たな欲求につながることもある。新たな欲求が出てくれば，それに合わせた新しい動機に基づいて行動する，というように，動機づけとは循環的なプロセスをたどるものである。

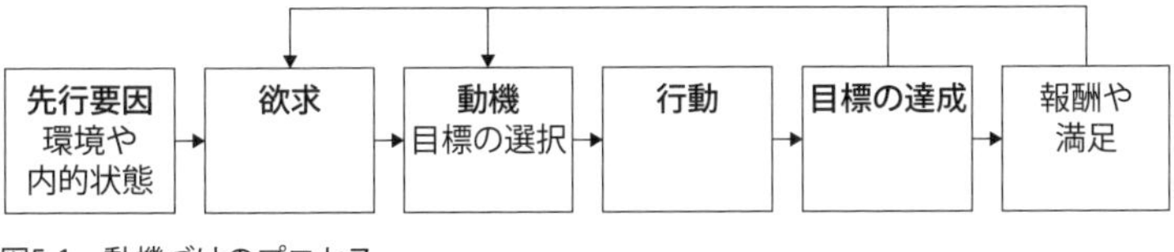


図5-1　動機づけのプロセス

（櫻井，2004をもとに作成）

## （2）マズローの欲求階層説

動機づけの基になる欲求は，基本的な欲求と社会的な欲求に分類することができる。基本的な欲求は，一次的欲求とも呼ばれ，生きるために必要な欲求である。人間だけに限られたものではなく，他の動物にも見られる。基本的欲求の代表的なものは，食欲や睡眠欲などの生きるために必要な生理的欲求である。生理的欲求は，生理的な基盤があり，個体が内部環境を一定に保とうとする傾向であるホメオスタシス（恒常性維持）に基づいて機能する（櫻井，2004）。たとえば，お腹が空いたら空腹だと感じ，何か食べ物を食べて食欲を満たそうとすることなどである。その他，基本的欲求には，自分の子孫を残そうとする欲求，好奇心などの内発的欲求が含まれる。

一方，社会的欲求は，社会を作って生活する人間特有の欲求とされ，生まれた後の様々な経験や学習を通して獲得されるものであり，二次的欲求とも呼ばれる。たとえば，友だちと親しくしたいという親和欲求や，より良い成績を取りたいという達成欲求，他者に認められたいという承認欲求などが挙げられる。

マズロー（Maslow, A. H.）は，これらの欲求は階層構造をなしており，より低次の欲求から順に満たしていくことで，最終的に「自己実現の欲求」にたどりつくという欲求階層説を提唱した（**図 5 - 2**）。

最も初期の欲求が飢えや渇きなどの欲求を満たそうとする「生理的欲求」である。これは，発達的には乳児期に該当する。赤ちゃんは自分ではこれらの欲求を満たすことができないため，主に養育者によっておっぱいやミルクをもらったり，排せつの処理をしてもらうなど，生理的欲求を満たしてもらうことになる。生理的欲求が満たされると，恐怖や危険，災害や事件などを回避し，保護されたいという「安全を求める欲求」が出てくる。その後，幼児期以降，子どもが幼稚園や保育園，学校などの社会へ出ていくと，園や学校，クラスや友だちグループなど，様々な集団に所属することになる。この時期に，クラスやクラブなどの集団に所属し，その一員として認められたり，友だちなどの他者と仲良くしたいという欲求である「愛情と所属の欲求」が出現する。さらに，何らかの集団に所属をすれば，クラスの中で良い成績を

図5-2　マズローの欲求階層説
（Maslow，1970）

取りたい，運動ができることを認められたいなどのように，より良い成績を残したいという欲求や，他者から尊重されたり，優位でありたいという欲求が出てくる。これを「承認の欲求」という。そして，これらのすべてが満たされると，最も高次の欲求である「自己実現の欲求」へたどりつく。これは，自己の潜在的な能力を高め，最大限に生かしたい，たとえば自分の夢をかなえたい，創造的な仕事がしたいなどの欲求である。ただし，マズローは，誰もが最も高次の「自己実現の欲求」にたどりつくわけではなく，生涯を通してもたどりつかない場合もあるとしている。

## （3）内発的動機づけと外発的動機づけ

**図5-1**で説明したように，欲求に基づいて具体的な行動を起こすために目標を定める働きをするのが，動機づけである。動機づけについては，内発的動機づけと外発的動機づけの2つから，人の動機をとらえようとしてきた。この内発的動機づけ，外発的動機づけという区分は，学習に限った動機づけではなく，日常生活での様々な場面で見られるものである。たとえば，「教えることが好きだから家庭教師のアルバイトをする」のは内発的動機づけであり，「高い時給を得るために家庭教師のアルバイトをする」のは外発的動機づけにあたる。このように，自らの興味に基づいた行動であったり，その行動自体を目標とするのは内発的動機づけであり，罰を避けるためや報酬を得るために行動するのは外発的動機づけである。

本章は学習への動機づけを扱うため，以降は学習に関する動機づけを中心に取り上げていきたい。内発的動機づけとは，「算数を勉強することが楽しいから勉強する」というように，それぞれの人の内側にある知的好奇心や楽しみから学習が生じることを指している。それに対し，外発的動機づけとは，親から「テストで100点を取ったらお小遣いをもらえるから，テスト勉強をする」のように，個人の外側にある報酬を得るため，もしくは「テストで悪い点数を取ったら怒られるから，怒られないように勉強する」というように罰を避けるために生じる動機づけである。内発的動機づけは学習や課題への取り組みそのものが目標となるような動機づけであるのに対し，外発的動機づけは学習や課題への取り組みが報酬を得るため（罰を避けるため）の手段にすぎず，目標は別にあることが特徴である。一般的に，外発的動機づけによる学習は，報酬や罰がなくなると学習しなくなるなど，その効果が限定的であるのに対し，内発的動機づけによる学習の方が継続的な学習行動につながるなど，より効果的であるとされている。そのため，学校現場では子どもたちの内発的動機づけを高めることが求められる。

ただし，学習に対してまったくやる気を持てない学習者や，やる気を持ちにくい学習内容に取り組ませるときには，外発的動機づけを利用した働きかけも一定の効果を持つと考えられる。たとえば，どうしても学習意欲が湧かず，まったく学習に取り組まない子どもに対して，「このプリントができたらシールをあげる」などのように，外発的動機づけを利用して学習に向かわせることはよくあることであろう。最初は報酬を得るために学習していた子どもも，そのうちに学習内容の面白さに気づき，自ら学習に向かうというように，内発的動機づけによる取り組みに変化する場合もある。学習者の実態に合わせて，動機づけを高めるための働きかけを見極める必要があるだろう。

**コラム　アンダーマイニング現象**

内発的動機づけと外発的動機づけは，二分的なものではなく，それぞれ影響し合い，相互に変容可能であることが明らかになっている。とくに，報酬やご褒美などの外的報酬は，内発的動機づけによる取り組みを低下させ，報酬がなければ取り組みをやめてしまうなどの影響があることが実証されている。カルダーとストウ（Calder & Staw, 1975）は，パズルを解くという課題に対して，内発的動機づけが高い子どもに，外的報酬として金銭などを与えた。すると，難しいパズル（興味のある課題）に対する楽しさの評定（内発的動機づけ）が低下し，簡単に解けるパズル（興味のない課題）に対する楽しさの評定が上昇した（**図 5 - 3** ）。

このように，外的な報酬などによって，内発的動機づけを外発的動機づけに変化させることを「アンダーマイニング現象」という。たとえば，歴史が面白くて好きだからと勉強に取り組んでいる子どもに，「次の社会のテストで100点を取ったら，特別にお小遣いをあげる」というように外的な報酬を与え続けると，「歴史が面白いから」という内発的動機づけは低下し，勉強は報酬の手段となってしまうため，「お小遣いがもらえないなら勉強しない」という結果を招きかねない。とくに，褒めるなどの言語的な報酬よりも金銭などの物質的報酬は，人の行動をコントロールするように働くため，アンダーマイニング現象を引き起こしやすいとされている。

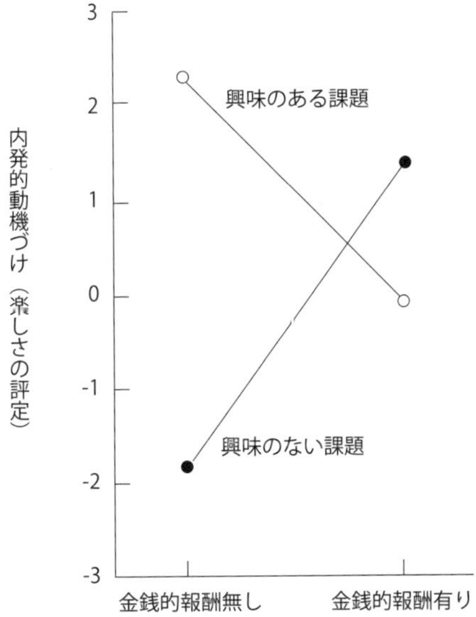


図5-3　外的報酬と内発的動機づけの関係

（Calder & Staw, 1975）

## （4）自己決定理論と自己調整学習

内発的動機づけ，外発的動機づけという区分で進められてきた動機づけ研究は，その後，さらに動機づけを詳細にとらえる方向で発展した。その1つが自己決定理論（Self-determination theory）であり，これまで対立するもの，区分されるものと考えられていた内発的動機づけと外発的動機づけを統合的にとらえる理論である（Deci, E. L. & Ryan, R. M., 1985; Ryan, R. M. & Deci, E. L., 2000）。内発的動機づけと外発的動機づけの間にある動機づけをとらえるため，自己決定（自分の欲求の充足を自由に選択すること）の程度によって整理されている。現在，自己決定理論を説明する理論として，「認知的評価理論」，「有機的統合理論」，「因果志向性理論」，「基本的心理欲求理論」，「目標内容理論」という5つのミニ理論が示されている（櫻井，2012）[1]。

ここでは，「有機的統合理論」を取り上げる。内発的動機づけが学習上好ましいものであることはすでに述べたが，実際には，児童生徒の学習は，親や教師の期待に応えることや，テストや受験で良い結果を得ること，将来の職業のためなど，外部からの統制による外発的動機づけに該当するものが多い。とくに，学校での学習は親や教師などの期待に左右されるものであるし，自己決定性（自律性）は外部からの期待や要請と切り離すことができないものである。こうした背景をふまえ，「有機的統合理論」では，内発的動機づけと外発的動機づけを自律性（自己決定性）という一次元の連続体上に配置した上で，外発的動機づけを自律性の低い順に外的調整，取り入れ的調整，同一化的調整，統合的調整という段階に区分している（**図5-4**）。外的調整とは，まったく自己決定がなされていない段階であり，「親がうるさいから勉強する」というように，行動の動機は外的な刺激や賞罰によるものが中心となる。次の取り入れ的調整とは，「勉強しないと不安だから勉強する」というように，直接的な外部からの刺激ではなく，個人の内面から生じるような刺激によって動機づけられる段階である。3つ目の同一化的調整とは，「この科目は自分にとって重要だと思うから勉強する」というように，行動を自分の価値として同一化する段階である。外発的動機づけのなかで，最も自己決定の程度が高いものが統合的調整である。「将来，教師になりたいか

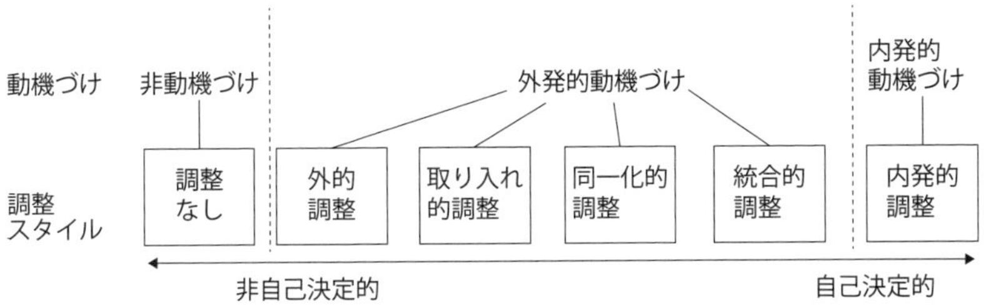


図5-4　「有機的統合理論」に基づく自己決定理論のモデル

（Ryan & Deci, 2000 をもとに作成）

ら勉強する」のように，行動することが自己概念（今の自分の状態）に一致する，価値のあるものとしてとらえられていることになり，学習行動自体に喜びを感じ，動機づけられる。そして，これらの段階よりも，さらに自律性の高い動機づけとして，内発的動機づけを位置づけている。このように，自己決定の程度によって区分することで，多様な動機づけを統合的にとらえることが可能となっている。

## 第２節　学習意欲に関わる要因

### （1）期待と価値

学習行動を動機づけたり，維持するためには，「うまくいきそうだ」という期待が重要な役割を果たす。たとえば，「この問題は解けそうだ」という期待があれば，学習への動機づけは高まるが，「難しくてとても解けそうもない」と思えば，学習への動機づけは低くなり，問題を解くという行動自体も起こりにくいであろう。

動機づけに関する期待では，**図 5 - 5** に示すように結果期待と効力期待が重要な役割を果たす（Bandura, 1977）。結果期待とは，「このように行動すれば，うまくいくだろう」という行動が望ましい結果につながることに対する期待である。結果期待に伴う結果が得られないと，自分の行動が期待した結果につながるという随伴性を感じることができない。そのような経験を積み重ね

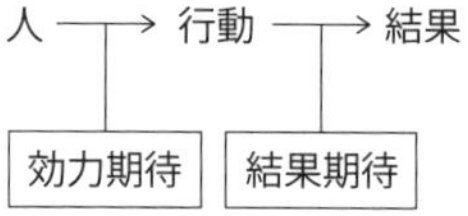


図 5-5　効力期待と結果期待の関係

（Bandura, 1977をもとに作成）

ると，学習性無力感に陥ることもある。それに対して効力期待とは，「望ましい結果をもたらすための行動をすることができる」という期待のことであり，「自己効力感」とも呼ばれている。「やればできる」という期待である自己効力感が動機づけを高めることは，様々な研究から実証されている（伊藤，2010）。さらに，自己効力感は「自分はできる」という有能感（コンピテンス）を高める働きを持っている。学校現場では，子どもたちの自己効力感や有能感（コンピテンス）を高めることが重要とされている。

このような期待の他に，動機づけを規定する要因として「価値」がある。「教員採用試験に合格することは私にとって重要であり，価値のあることである」のように，その課題や達成に対する主観的な価値づけを指している。自分にとって価値のあることに対しては取り組もうとする動機づけが高まるであろうし，あまり価値を見出せないことに対しては，動機づけが高まらないであろう。

これらの「期待」と「価値」という 2 つの次元によって動機づけをとらえようとする理論は「期待×価値理論」と呼ばれている。アトキンソン, J. W.（Atkinson, 1964）は，期待×価値理論によって「達成動機づけ」をモデル化した。「達成動機」とは「価値のある目標に対し，高い水準で成し遂げようとする動機」である（伊藤，2010）。アトキンソン, J. W. は，達成行動を取ろうとする達成動機づけの強さを以下のような数式でモデル化しており，成功する見込みである「期待」と成功によって得られる報酬や魅力である「価値」がともに0.5であるとき，つまり，できるかどうかの可能性が半々であるときに最も達成動機づけが高まると仮定している。期待と価値のどちらか一方のみが高くても動機づけが高まるわけでなく，適度な期待と価値のバランスが重要である。

**達成動機づけ＝達成動機×期待×価値**

**コラム　学習性無力感**

意欲や動機づけが持てず，行動しようとするエネルギーが持てない状態を「無気力」という。セリグマン（Seligman, M. E. P.）は，自力では逃れることができない状況で電気ショックを与え続けられた犬が，その後，逃げることができるような状態になっても，積極的に逃げようとせず，与えられる電気ショックを受け続けることを発見した。セリグマンは，この犬が「自分の力では電気ショックを止めることができない」と考え，無気力状態を学習しているとし，「学習性無力感」と呼んだ（Seligman, 1975）。ここで重要なことは，自分の行動が期待する結果をもたらさない（随伴性がない）という非随伴性を学習した結果，無力感に陥ってしまったことである。つまり，自分の行動が何か意味のある結果をもたらす，期待する結果につながるという随伴性を感じられることが，無気力を防ぐためには効果的であるだろう。

「いくらやっても無駄だ」と感じるような経験を重ねると無気力になってしまうことは人間でも確認されているが，人間の無気力はもう少し複雑なようである。さらに，セリグマンらは，原因帰属を取り入れた「改訂学習性無力感理論」を提唱した。この理論では，自分ではコントロールできない嫌な経験や失敗の原因を，自分の内的なものにあるのか，外的なものにあるのかという「内在性」，安定して続くものであるのか，不安定なものであるのかという「安定性」，一般的なものであるのか，特殊なものであるのかという「一般性」の 3 次元で分類している。そして，内的要因で安定したものであり一般的な要因に帰属するほど，学習性無力感に陥りやすいことを示した。たとえば，英語のテストに失敗したときに，内的で安定した要因である「自分の能力のなさ」に原因を帰属すると，自尊心は低下し，能力は変わらないと考えれば，「この先，頑張っても無駄だ」と無気力状態が続くことになるだろう。さらに，英語だけでなく，国語も他の教科もやってもできないという一般化をすることによって，様々な場面で無気力状態に陥ることにつながるかもしれない。こうした無気力感の学習を防ぐためには，「やったらできた」という結果の随伴性を経験させることや，能力ではなく努力などの変化可能な要因に帰属するように，原因帰属を変えさせるような介入が有効であると考えられる。

### （2）原因帰属

私たちは，たとえば学校のテストの結果が悪かったとき，「努力が足りなかった」や「今回は運が悪かった」などのように，結果について何らかの原因を考えるだろう。こうした，成功や失敗の原因を何らかの要因に求め，帰属させることを原因帰属という。ワイナー（Weiner, 1972）は，「統制の位置」と「安定性」という2次元によって原因帰属を分類した（**表5-1**）[2]。「統制の位置」とは，結果の原因が自分の内的なものであるか，外的なものであるかという次元であり，「安定性」とは，その原因が安定的なものであるか変動するものであるかという次元である。

**表5-1**について，「テストの結果が悪かった」という例に当てはめてみよう。テストの結果が悪かった原因を内的で安定的な要因に帰属させると「自分には能力がないから悪い点数になってしまった」となり，内的で変動的な要因に帰属させると「今回は努力が足りなかった」という帰属になる。一方，外的で安定した要因に帰属させると「先生の出す問題が難しかったから」ということになり，外的で変動的な要因に帰属させると「今回は運が悪かったから点数が取れなかった」ということになる。

こうした原因帰属の仕方は，その後の行動にも影響を及ぼす。一般的に，先生の問題の困難度などの外的な要因は自分ではコントロールできないため，その後の行動は変化しにくい。また，能力のような内的で安定した要因に帰属すると，「自分には能力がないから，どうせ勉強しても無駄だ」などのように考え，その後の学習行動も変わらないであろう。しかし，「努力不足」のような内的で変動する要因に帰属する場合は，「次はもっと頑張って良い点数を取ろう」のように学習行動が変化しやすい。このような原因帰属の傾向には個人差があり，どのような帰属をする傾向があるかによって，その後の行動の変化可能性にも差が生じる。さらに，こうした原因帰属の傾向は，動機づけにも影響する。自分の努力などの内的で変動する要因に帰属した方が，学習への動機づけも維持できると考えられる。

表5-1　原因帰属の分類

| 統制の位置 | 安定性 | |
|---|---|---|
| | 安定的 | 変動的 |
| 内的 | 能力 | 努力 |
| 外的 | 課題の困難さ | 運 |

（Weiner, 1972をもとに作成）

## （3）目標

動機づけは，達成する目標という観点からもとらえることができる。たとえば，「教員になるために勉強する」という場合，「教員になる」という目標を達成するために，勉強することに動機づけられていると考えられる。具体的な目標に向かって行動を生じさせるのが動機づけであるから，目標自体が変われば，そのための動機づけや行動も変化することになる。

目標理論とは，人間の動機づけの生起や達成行動の過程において，個人や環境の持つ目標が主要な役割を果たしているとする立場である（中谷，2007）。ここでは，数ある理論の中から，目標理論の中で中心的に検討されてきた「達成目標理論」を取り上げる。

有能さを実現するために設定される目標が「達成目標」である（櫻井，2009）。達成目標理論とは，「なぜ人は，学校や職場，スポーツなどの趣味の機会や場で達成行動を起こすのか」という問いに対する説明をモデル化し，人が達成状況に対してなぜ異なったアプローチをするのかについて，その背景にある信念パターンに着目して解明しようとする理論である（鹿毛，2013）。つまり，ある課題や対象に対して，どのような目標を持つかが，その後の達成行動やパフォーマンスに重大な影響を及ぼすと考える立場である（中谷，2007）。達成目標理論は，先に取り上げた原因帰属理論に対する批判的，発展的検討から深められた。

学習に対する代表的な達成目標理論としては，「学習目標対遂行目標」（Dweck, 1986），「熟達（習熟）目標対遂行目標」（Ames & Archer, 1987）などの分類がある（中谷，2007）。「学習目標」と「熟達目標」は，学習の中で熟達的，

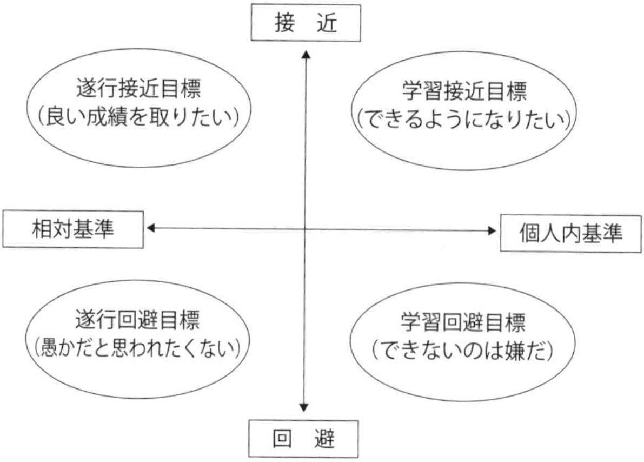


図5-6　接近－回避アプローチによる達成目標の分類

（Elliot & McGregor, 2001）

課題志向的な認知や態度を持つ適応的な目標であり，学習内容の理解や自分の能力の向上が目標とされる。それに対し，「遂行目標」は，学習の結果を重視したり，他者との比較や競争によって自身の有能さを感じようとする適応的とはいえない目標である。その後，これらの目標の分類に「接近対回避」の次元を加えた，2×2の達成目標による「接近－回避アプローチ」が提唱された（Elliot & McGregor, 2001）（**図 5 - 6**）。

課題に対して接近的であり，他者よりも良い成績を取ったり，自身の有能さを示そうとするのが「遂行接近目標」である。反対に，課題を回避するような目標を持ち，他者よりも悪い成績を取らないようにし，能力の低さを現さないようにしようとするのが「遂行回避目標」である。一方，たとえば「できるようになりたい」のように，課題の習得そのものを接近的に目指すものが「学習接近目標」であり，「できるようにならないと嫌だから」のように課題を習得できないことを回避するような目標が「学習回避目標」である。一般的に，回避的な目標の持ち方は，学習への取り組みに対して否定的な影響をもたらすとされている。

## ■注

1） それぞれの理論の詳細は，櫻井（2012）を参照のこと。

2） その後，ワイナー（1979）は，**表5-1**の2次元のモデルに原因を自分でコントロールできるかどうかという「統制可能性」の次元を加え，**表5-2**のような3次元のモデルを提唱した。

表5-2　原因帰属，分類の3次元モデル

| | 統制可能 | | 統制不可能 | |
|---|---|---|---|---|
| 統制の位置 | 安定的 | 変動的 | 安定的 | 変動的 |
| 内　的 | ふだんの努力 | 一時的な努力 | 能　力 | 気　分 |
| 外　的 | 教師の偏見 | 他人からの一時的な助け | 課題の困難さ | 運 |

## ■引用文献


Ames, C., & Archer, J., Mother's belief about the role of ability and effort in school learning, *Journal of Educational Psychology*, 79, 409-414, 1987

Atkinson, J. W., *An introduction to motivation*, Princeton, New Jersey: Van Nostrand, 1964

Bandura, A., *Social Learning theory*, New Jersey: Prentice Hall, 1977

Calder, Bobby J. & Staw, Barry M., Self-perception of intrinsic and extrinsic motivation, *Journal of Personality and Social Psychology*, 31, 599-605, 1975

Deci, E. L., & Ryan, R. M., *Intrinsic motivation and self-determination in human behavior*, New York: Plenum, 1985

Dweck, C. S., Motivational processes affecting learning, *American Psychologist*, 41, 1040-1048, 1986

Elliot, A. J., & McGregor, H. A., A2×2 achievement goal framework, *Journal of Personality and Social Psychology*, 80, 501-519, 2001

伊藤崇達編『やる気を育む心理学（改訂版）』北樹出版，2010年

鹿毛雅治『学習意欲の理論——動機づけの教育心理学』金子書房，2013年

Maslow, A. H., *Motivation and personality*, Harper & Row, 1970

中谷素之編『学ぶ意欲を育てる人間関係づくり——動機づけの教育心理学』金子書房，2007年

Ryan R. M. & Deci, E. L., Self-determination theory and the facilitation of intrinsic motivation, social development, and well-being, *American Psychologist*, 55, 68-78, 2000

櫻井茂男編『たのしく学べる最新教育心理学——教職に関わるすべての人に』図書文化，2004年

櫻井茂男『自ら学ぶ意欲の心理学——キャリア発達の視点を加えて』有斐閣，2009年

櫻井茂男「夢や目標をもって生きよう！――自己決定理論」『モティベーションをまなぶ12の理論――ゼロからわかる「やる気の心理学」入門！』鹿毛雅治編，金剛出版，2012年

Seligman, M. E. P., *Helplessness: On depression, development and death*, San Francisco: Freeman, 1975

Weiner, B., *Theories of motivation : From mechanism to cognition*, Chicago: Markham, 1972

### ■課題

1. 欲求と動機づけの関係について，具体例を挙げて説明しよう。
2. 学習に対する内発的動機づけと外発的動機づけについて，自身の経験の中からそれぞれの具体例を挙げよう。
3. 現在の自身の学習に対する取り組みは，自己決定理論に照らすとどの段階に該当するか，考えよう。
4. 動機づけに影響を及ぼす要因について，自身の学習に対する動機づけに影響を与えている要因を考えよう。

### ■参考図書

伊藤崇達編『やる気を育む心理学（改訂版）』北樹出版，2010年

# 第6章　協働学習

本章では，他の学習者とともに学ぶことの意義や教室の中でそのような学習が行われる方法について学ぶ。私たちの経験を振り返ってみても，他の学習者から様々な影響を受けながらともに学んだことがあるだろう。中でも，教室の中でグループを作り，お互いに協力し合いながら学ぶ方法にはどのようなものがあるのか，メリット・デメリットを含めたそれぞれの特徴について学ぶとともに，そのようなグループ学習を行う上で留意すべき点についても考えていこう。

**キーワード**
協働学習　他者の影響　バズ学習　ジグソー学習

## 第1節　協働学習の意義

他者とともに学ぶことには様々なメリットがあると考えられる。他者が近くにいることにより，モデルとして真似をすることができる，周囲の人に認められたり励まされたりすることによってがんばることができる，などといったことが挙げられるだろう。また，仲間がいることによって，自分の考えなかったような視点に触れる機会となったり，一人では諦めてしまいそうな状況でも学習を続けられたりするといったこともあるだろう。このように，他の人たちからの影響を受けながら学ぶということは第3章で学んだ状況論の考え方にも通じてくるところがあり，これからの時代において学習場面の設計をしていく上でも必要性が高まってくると考えられる。

一方で，他のメンバーから注目されることによってプレッシャーを感じたり，周囲の人たちとの人間関係に悩まされたりすることもあるかもしれない。また，自分がやらなくても誰かが進めてくれるなら任せてしまおうと，一人で学習を進めるときに比べて手を抜いてしまう学習者が出てくることもあり得るだろう。

そこで，いつも協働学習の形態をとることがベストだというわけでなく，個々の学習者の性格やメンバー構成，学習内容などによって使い分けていく必要があると考えられる。協働学習には様々なあり方が考えられるが，本章では授業において用いられることの多いグループを利用した学習についていくつかの方法を取り上げてみよう。

## 第２節　グループ調査

調べ学習の場面などではグループごとに一つのテーマについて調べ，お互いの情報をまとめ上げてグループとして発表するといったことがある。また，他のグループの成果発表を聞きながら，お互いに質問をし合ったり，評価をしたりすることも含まれる。

このような活動では，一つのテーマの中でもメンバーによって着目する点が異なったり，異なる資料を参照したりすることで，一人で調べる場合には出てこないような成果を生み出すことがある。また，メンバーの得手不得手を考慮し，役割分担をすることも可能であり，効率よく作業を進められる。教室で一斉授業を行う中でも取り入れやすい方法だといえるだろう。

しかし，問題点も考えられる。たとえばグループで作業に取り組んでいくにあたり，各メンバーの貢献度が異なってしまうことが起こり得る。メンバー同士の力関係ややる気の違いなどによって，一生懸命に取り組む学習者とそうでない学習者とが出てきてしまうこともあるだろう。さらに，成果物についてグループとして評価を受けるといった場合に，不公平感を感じてしまうこともあるかもしれない。一方，貢献したいにもかかわらず意見が取り入れられないなどといった状況で動機づけを保ちにくくなってしまう学習者が出てくる可能性もある。したがって，課題に応じてグループを構成する必要があるとともに，グループのメンバー同士の関係に配慮する必要がある。

## 第3節　バズ学習

バズ学習はフィリップス（Phillips, 1948）によって考案された“Discussion 66”という手法を起源とする「バズ・セッション」を学校教育に適用しようとし，学習指導理論としてまとめられたもので，塩田・阿部（1962）によって広く知られるようになった。ハチの羽の音を表すバズという言葉が用いられているように，学習者がワイワイと賑やかに議論を行うことを重視する。

バズ学習の過程には，教師から与えられた学習課題に対し，学習者が個人で取り組む活動と小グループで話し合う活動とが含まれる。また，各グループで話し合った内容についてクラス全体に対して発表し，必要に応じて教師が補足や修正を行うといった流れで展開される。小グループでの活動を行う上では，司会役や書記，発表者などの役割を決め，学習者同士でできるだけ助け合うことが奨励される。全体での話し合いの前に小グループでの話し合いが含まれることにより，全体の中では発表するのが難しい学習者も意見を出しやすくなるという利点がある。また，話し合いの中で他者の見方に触れたり，考えを広げたりすることも期待できるだろう。質の良い話し合いは，一人では得られなかったような視点に気づき，理解を深めていくことにつながる。ただし話し合いを行う上で，注意すべきこともあるだろう。それぞれのメンバーが自分の意見を述べられるようなテーマなのか，意見を出せる雰囲気なのか，それぞれのグループにおいてテーマに沿った話し合いがきちんと進んでいくのか，などといった点については，このような形態で授業を進めていく際に注意が必要な点となろう。

なお，このような方法は授業の中だけでなく，児童会・生徒会活動や部活動などでも用いられることもある。

## 第4節　ジグソー学習

ジグソー学習はアロンソン他（Aronson et al., 1978 ; 松山訳，1986）によって提唱された方法である。**図6-1**は蘭（1983）が小学生を対象としてジグソー学習による実践を行った際のグループ構成の例であるが，ジグソー学習ではこ

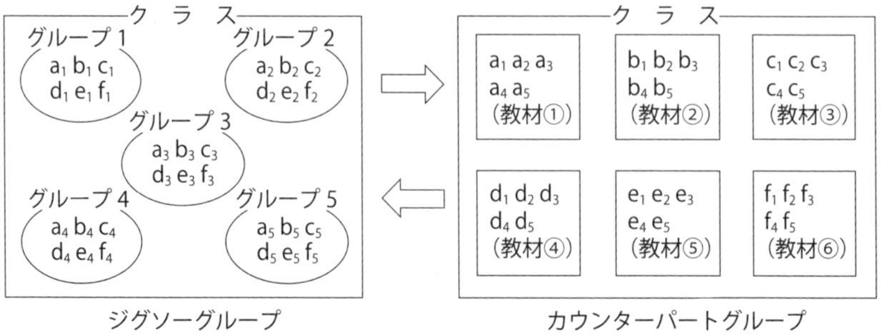


図6-1　ジグソー学習の例

（蘭，1983を一部改変）

のように小グループを組みかえながら学習を進める。**図6-1**に示すように，まず学習者集団を均等に分けたグループを構成し，これをジグソーグループと呼ぶ。そして，学習する内容ごとにジグソーグループ内で役割分担を行う。なお，$a_1$, $b_1$, $c_1$…というのは異なる内容を学習する学習者を指している。続いて，各グループから同じ内容について学ぶ学習者を集めたグループを構成するカウンターパート・セッションでの活動を行う。カウンターパートグループにおける，$a_1$, $a_2$, $a_3$…というのは同一内容を学習する学習者を指している。カウンターパートグループのメンバーは同じ内容を学ぶが，もとのジグソーグループの中でその内容を学ぶのは自分だけである。

カウンターパート・セッションが終わった後，それぞれが学んできたことを持ち寄って再度ジグソーグループが構成される。そして，それぞれの担当した内容について順に教え合うことにより，最終的には全員がすべての内容を学習することができるということになる。その際，カウンターパート・セッションで学んだことについて責任を持ってジグソーグループのメンバーに伝えなければならない。もし，内容についての理解が十分でなければ，自分が困るだけでなく，ジグソーグループのメンバーにも迷惑がかかってしまうために責任重大なのである。そのような責任感から，一斉教授型の授業より熱心に取り組む学習者が多くなることも期待される。

お互いに教え合う学習は，教師に尋ねるより尋ねやすく，わからないことがあったときに解消しやすいというメリットがある。また，教える側にとってもなんとなくわかったつもりというレベルの理解では相手に伝えることができないため，より深い理解を求められることとなる。そのため，教える側，教えられる側双方にとって，より意欲的に学習に取り組むことが期待される。このような観点から，蘭（1983）の研究では，小学校高学年の社会と国語の授業を対象に，一斉授業を受けた場合と比較した結果，ジグソー学習で授業を受けた子どもたちの成績の方が高かったということが示されている。ただ，カウンターパート・セッションで誤った理解をしてしまったり，曖昧な状態であったりしたときに周囲に及ぼす影響も大きくなるため，それぞれの学習者による理解の程度について教授者の側でも把握しておく必要がある。

## 第５節　協働学習における課題

これまで学んできたようにグループ学習を行う上では多くのメリットが考えられるとともに留意すべき点もある。単にグループを組んで活動をさせれば，協働学習が成立するとは考えられないのである。

まず，グループを構成する上での対人関係の問題が挙げられる。グループ学習に取り組んでいく上での意欲や知識の揃ったグループ構成であれば問題はないが，偏りがあった場合には学習がうまく進んでいかない可能性がある。また，子どもたちがグループ学習を行う際には，その活動を行っている場面以外での対人関係が入り込んでくることにも留意する必要がある。授業以外の場面でトラブルを抱えているような者同士がグループを組んでも，授業時間だからといって切り替えるとは考えにくい。したがって，グループの構成を考える上では授業時間外における子どもたちの関係性についても知っておく必要がある。

また，グループでの学習を進めていく上では，教師がコントロールするのではなく，学習者にその進め方やペースを任せる場面が多くなる。グループによって学習の進み方が異なったり，到達しているレベルが分かれてきたりすることもあるだろう。そのような場合に個々のグループの状況について把握し，教師は限られた時間の中でどのグループにどのように関わるべきかを判断する必要が出てくる。

さらにグループ学習を行うことの目的を共有しておくことも必要であろう。できるだけ早く知識を得たり技能を獲得したりする，といったことを目指した学習の場合，グループで取り組み，他のメンバーのペースに合わせたり，教え合ったりすることは必ずしも効率的でない側面を持つ。もし学習者の中にそのような学習を目指している者がいた場合には，不満を抱き，真面目に取り組まないといったことも起こり得る。他の学習者とともに学習に取り組む上では，知識や技能といった学習材料の獲得以外にも学習者に起こり得る変化があるということをふまえ，そのような学習を取り入れることの意味を共有した上で進めていく必要があるだろう。

これらの点に留意し，グループとして目指すところをメンバー同士が共有した上で，それぞれが役割分担のもとに協力し合いながら学習を進めることができれば，協働学習として有効な活動になると考えられる。

## ■引用文献


蘭千壽「児童の学業成績および学習態度に及ぼすJigsaw学習方式の効果」『教育心理学研究』31，102-112，1983年

Aronson, E., Stephan, C., Sikes, J., Blaney, N. & Snapp, M., *The jigsaw classroom*, Beverly Hills, CA: Sage Publications, 1978（アロンソン，E. 他『ジグソー学級——生徒と教師の心を開く協同学習法の教え方と学び方』松山安雄訳，原書房，1986年）

Phillips, J. D., Report on discussion 66. *Adult Education Journal*, 7, 181-182, 1948

塩田芳久・阿部隆『バズ学習方式——落伍者をつくらぬ教育』黎明書房，1962年


## ■課題

1. 一人で学ぶ場合と他の人と一緒に学ぶ場合とでは，それぞれどのようなメリット・デメリットがあるのか，具体例を挙げよう。
2. 授業の中で小グループでの活動を含む学習にはどのようなものがあるか，これまでの経験を挙げながら説明しよう。
3. グループを構成していくにあたり，メンバーの組み合わせで注意しなければならないことはどのようなことだろうか。それを考慮しなければどのような問題が起こり得るのかについても言及しながら説明しよう。

■参考図書

牧田秀昭・秋田喜代美『教える空間から学び合う場へ――数学教師の授業づくり』東洋館出版社，2012年

# 第7章　授業のタイプ

本章では，教室で行われる授業について，学習過程という観点から分類する。学習を有意味的なものとしてとらえるのか，機械的なものとしてとらえるのか，また学習者自身が発見的に取り組んでいくのか，与えられたものを受容するのかという観点から，発見学習，有意味受容学習，プログラム学習について学ぶ。それぞれの特徴を整理し，これまでの経験例についても挙げてみよう。また，ICT を用いた授業に期待される効果と留意点についても考えてみよう。

**キーワード**
発見学習　有意味受容学習　プログラム学習　ICT の利用　反転授業

## 第1節　発見学習

発見学習とはブルーナー（Bruner, 1961）によって提唱された考え方であり，学習者自身が内容や方法も含めて発見していくことで学習が成立するというものである。そのため，教師が設定した内容について教えられて学ぶのではなく，学習者自身が試行錯誤しながら一定の概念や法則性を見つけていくということになる。

このような学習は，学習者自身がその内容に興味を抱き，知りたいと思うことで進んでいくため，積極的な姿勢が期待される。また，自分自身で知りたかったことの答えを見つけたと感じることにより印象に残りやすく，別の課題でも応用できる可能性は高まるだろう。

たとえば料理好きの子どもがレシピを見ながら料理をする場面を考えてみ

よう。材料の「小麦粉100グラム」「水500ミリリットル」などといった情報は，その子どもにとってはあくまでも料理をするためのものであるが，それを適切に準備するためには数の概念や単位について知っていなければならない。もし知らなければ周囲にいる大人たちに尋ねたりしながら，適切な分量を用意できるようにするだろう。このような活動は結果的に算数の単元で出てくる内容とつながり，他の場面でも用いることができると考えられる。また，砂糖と塩を間違えたらどのようなことになるか，水を入れすぎたらどうなってしまうかといったことを経験することによって，理科や家庭科で学ぶこととこもつながってくるかもしれない。このように，発見学習では学習者自身が仮説を立てたり，検証をしたりしながら，問題を解決していくことになる。そのことにより，教科学習で扱われる事柄の本質や原理について自らが発見することとなるのである。周囲からやらされている学習ではないため，それぞれの学習者は前向きに取り組み，学習しているという意識の有無はともかく，学習を楽しむことができるという点もメリットとして挙げられよう。

しかし，学習者によっては試行錯誤が続くばかりで解決に近づくことができなかったり，脇道に逸れていってしまったりする可能性もある。また，学習の進め方が必ずしも体系だてられたものではない可能性もあり，効率よくバランスのよい知識を獲得することができるかというとそうではない。

それでは，学校教育の中ではどのように発見学習を取り入れていくことができるだろうか。学習すべき内容が定められ，系統的に並んでいる学校教育の中では，完全に個々の学習者の興味関心に任せて学習課題を設定し，様々な道筋での学習を認めていくことは容易ではない。本来の意味での発見学習を行おうとすると，授業時間の壁や教科の壁などに阻まれてしまうことも少なくないからである。そのため完全な形での発見学習を取り入れることは難しいが，理科や社会科，生活科などの時間に一定のテーマが設定され，自身で試行錯誤しながらテーマを追っていくといったスタイルの授業は，部分的に発見学習の要素が取り入れられているといえるだろう。授業の中ではある程度の枠を決め，授業時間におさまる範囲の中で，決められたリソースを用い，広がりすぎないようにコントロールされていることが多いと考えられる。このようなコントロールの下ではあるが，正解を教えられるのではなく，あくまでも試行錯誤の中で自らの手によって発見したと感じさせることによって，その内容への興味関心を引き起こしたり，さらなる学習に広がっていったりする可能性があるといえるだろう。

**コラム**

夏休みなどに宿題として課されることの多い自由研究も，本来であれば発見学習を体験するよい機会である。しかし同時に，夏休み期間中に親子の頭を最も悩ませる宿題であるといってもよいだろう。テーマを見つけ，解決のための道筋を考えたり確認したりするためには多くの時間を必要とする。そんな中，インターネットで「小学生　自由研究」などといったキーワードを入れると時間をかけずに仕上げられるテーマが学年別に紹介され，方法を教えてくれたり，まとめ方の例を示してくれたりする。そこに試行錯誤の余地はなく，試行錯誤する必要もない。さらに，自由研究を行うための材料がキットとして販売されている状況をどのように受け止めればよいのだろうか。

学習者の興味関心に応じた内容について様々な方法で追究していくことを目指して宿題として課されているにもかかわらず，内容はさておき何かを「やる」こと，そして「提出する」ことが目的となってしまっているように感じられる。

## 第２節　有意味受容学習

オースベルとロビンソン（Ausubel & Robinson, 1969; 吉田・松田訳，1984）が提唱した有意味受容学習は，与えられたものを学ぶという受容学習でありながらも，学習者の既有知識と結びつけることにより有意味学習にしようとする考え方である。発見学習を行おうとすると多くの時間が必要となり，学習者によって進む方向やペースがバラバラになってしまうために，あくまでも外側から与えられた受容的な学習ではあるものの，学習者の頭の中にある認知構造と結びつけることによって理解を助けようとする方法である。この有意味受容学習を効果的に成り立たせるために先行オーガナイザーという手立てを用いることがある。これは学習材料を与える前に，認知構造内の関連する知識を活性化させることにより，学習材料を有意味材料として取り入れやすくしようとするものである。

たとえば小学校 2 年生でミニトマトを栽培するにあたり，ミニトマトについて学習する前に，1 年生で朝顔を育てた経験を思い出させ，どのような種だったか，どのようなことに気をつけながら育てたか，葉の形はどのようなものだったか，などといった情報を活性化させることは一つの例だろう。それにより，ミニトマトの種は朝顔とどのように異なるのか，ミニトマトと朝顔の栽培において気をつけることは共通しているのか，それとも違いがあるのか，などといったことが整理されて頭に入りやすくなると考えられる。この他にもテキストにつけられたタイトルや章の最初に書かれた要約なども，これから学ぶ情報を正しく導くための情報として示されているといえるだろう。

しかし，前もって何か情報を入れれば必ず先行オーガナイザーになるかというとそうではない。先行して与えられた情報自体が十分に理解できていないような場合や，先行して与えられた情報とその後に与えられた情報との結びつきがわからない場合などは，学習者にとって単に情報量が増えただけの状態になってしまい，学習を助けるどころか混乱の原因になってしまうおそれもある。教授者が先行オーガナイザーとして理解を助けるために与えた情報が，学習者の認知構造の状態次第で必ずしも理解を助けていないこともあるということを知っておく必要があるだろう。

## 第 3 節　プログラム学習

スキナー（Skinner, 1954）が提唱したプログラム学習は，オペラント条件づけの原理を応用したものであり，与えられた内容をプログラムどおりに学習していくことで知識や技能が身についていくという考え方である。プログラム学習には以下の 5 つの原理があるとされている。

**スモールステップの原理**　学習課題を細かい小課題に分解し，難易度の低いものから高いものに向けて一つ一つクリアしていくことにより，最終的な課題をクリアすることに到達するということである。学習者が自分の力で上がるのに困らないような細かいステップになるように教材が配列されている必要がある。

**積極的反応の原理**　学習者自身が自発的に課題に対して反応することが必要であるとされる。たとえクリアすることができないという状態であったとしても，やってみてできなかったということが次の学習につなげられるものになる。

**即時強化の原理**　学習者の反応に対して，できるだけすぐに強化（フィードバック）を与えることが学習を進めていく上で有効だとされている。学習者の反応が適切なものであったにせよ，適切でなかったにせよ，そのことをフィードバックすることにより，学習者はその後の学習の進め方を判断することができる。

**自己ペースの原理**　それぞれの下位課題を達成するために必要な時間は学習者によって異なっており，各学習者のペースに合わせて進めていくことが可能である。達成するのに多くの時間を要さない学習者はどんどん先に進むことができ，多くの時間を要する学習者は他の学習者のペースにかかわらず，自身ができるようになるまで時間をかけた上で次のステップに上がればよい。そのため，課題のレベルや学習の速度を個別に設定することが可能となる。

**ヒント後退の原理**　下位課題を達成できない場合にはヒントを与えることで学習者を支援するとされるが，そのヒントの量は学習者の状態によって変わってくる。最初は多くのヒントを与え，徐々にヒントを減らしていき，最終的にはヒントのない状態で達成できるようになることを目指す。

これらの原理を考えると，プログラム学習のメリットとして，個々の学習者に合わせた学習が可能である点が挙げられるであろう。反応にかけるペースやステップを上がるペース，必要なヒントの量などはそれぞれの学習者によって異なっており，教室で行われる一斉教授の授業の中では個々に対応することが困難である。しかし，プログラム学習ではそれが可能になる。そのため，個々の学習者のレベルやペースに合わせ，着実に学習を進めていくことが可能となり，十分に理解していないのに授業だけが進んでいくといったことが起こらない。

また，プログラム学習を行う上では教材の配列が非常に重要となる。難易度の低いものから高いものに配列されていることにより，少しずつレベルアップしていくことが可能になっている。その際，スモールステップでレベルが設定されていることにより，教え込むような教授者は必ずしも必要とされていない。教授者に求められるのは学習者が出した反応に対して，正しいかどうかというフィードバックを行うこと，自力で進めなくなったときにヒントを与えることである。正しいというフィードバックを得られれば，学習者は同じような課題に対して同じ反応をすればよいし，間違っているというフィードバックを与えられた場合には，次は異なる反応をするということになる。このようにして，より正しい反応が起こりやすくなることを繰り返しながら，レベルアップしていくことが可能となる。

## 第4節　ICTを利用した学習

時代とともに情報通信技術（ICT）が発達していくことにより，教育場面において活用することが考えられる。文部科学省（2014）はICTの特長を生かし，効果的に活用することにより，一斉学習に加えて子どもたち一人一人に応じた個別学習や，子どもたち同士が教え合い学び合う協働学習なども推進できるとしている。

たとえば，電子黒板を用いることにより，画像を拡大したり音声とともに提示したりすることが可能になる。また，デジタル教科書で音声や動画とともに学んだり，思考の過程を視覚化したりすることができるだろう。さらに背景や文字の色を変えたり，ルビをつける機能を利用したりすることにより，読み書きが苦手な学習障害や視覚障害のある学習者が学習を進めていくことを支援できるという可能性も考えられる。

さらに，ICT機器を用いることにより，授業のあり方が変化することもある。**図7-1**のように一人一人の学習者がタブレットなどを用いて家庭で学んできた内容をもとに，教室では互いの知識を教え合ったり意見交換をしたりすることにより，より理解を深めようとする授業形態が用いられることもある。反転授業と呼ばれるこの形態は必ずしもタブレットありきというものではないが，タブレットのようなICT機器によって家庭での個別学習を進

図7-1　反転授業のイメージ

めやすくなるというメリットがある。しかし，授業前に学習してくる内容のレベルとしてどの程度のものを設定するのか，そのレベルに達さずに授業に参加している学習者に対してどのように対応するのか，授業における教師の役割は知識を教える授業に比べてどのように変わってくるのか，など取り入れる上で考慮すべきことも多々ある。

このように，授業でICTを利用することによって期待される効果もある一方で，常に肯定的な効果をもたらすものではないということも覚えておく必要があるだろう。まず，ICTはあくまでも教育の効率や成果を上げるための道具であるということである。教師がこれらの道具を使うための力を身につけていなければ活用することは難しい。また，ICTを利用することにより授業のあり方を変える場合には，授業における教師の役割が変わることもある。それらの道具を何のために用いるのか，それによって学習者にとってどんなメリットをもたらすことができるのかといったことを考えて利用していく必要があるだろう。

## ■引用文献

Ausubel, D. P., & Robinson, F. G., *School learning: An introduction to educational psychology*, New York: Holt, Rinehart & Winston, 1969（オースベル，D. P.・ロビンソン，F. G.『教室学習の心理学』吉田章宏・松田弥生訳，黎明書房，1984年）

Bruner, J. S., The act of discovery, *Harvard Educational Review*, 31, 21-32, 1961

文部科学省『学びのイノベーション事業実証研究報告書』2014年（www.mext.go.jp/component/b_menu/shingi/toushin/__icsFiles/afieldfile/2014/04/11/1346505_01.pdf）（2019年5月6日閲覧）

Skinner, B. F., The science of learning and the art of teaching, *Harvard Educational Review*, 24, 86-97, 1954

## ■課題

1. 発見学習，有意味受容学習，プログラム学習のメリット，デメリットについて説明しよう。
2. これまでに経験した様々な授業の中から，上記3つの考え方が取り入れられた例を挙げよう。
3. 教育場面で利用できそうなICTにはどのようなものがあるのか，具体的な場面とともに挙げてみよう。また，それによってどのような効果が期待できるのか，用いる上で課題となるのはどのような点なのか考えよう。

## ■参考図書

向後千春『「教えること」を教える先生が書いた　いちばんやさしい教える技術——教えられた人が必ず「できる！」ようになる』永岡書店，2012年

# 第８章　個に応じた学びと指導

本章では，教室における個人差について学ぶ。教室には様々な学習者が混在する。一人の教師が複数の児童・生徒を相手にする上では個人差があるからこそ学びが広がるということもある反面，個々の違いについて理解していなければ成果が上がりにくいという場面も少なくないだろう。教室における個人差にはどのようなものがあるのか，またそれらを考慮した指導のあり方にはどのようなものがあるのか，これまでの自身の教室での経験とも結びつけながら考えていこう。

**キーワード**
適性処遇交互作用　学力の個人差　多重知能理論　認知カウンセリング

## 第１節　適性処遇交互作用

クロンバック（Cronbach, 1957）によって提唱された適性処遇交互作用（ATI: Aptitude Treatment Interaction）とは，知能や学力，性格，認知スタイルなど，個々の学習者が持つ「適性」と学習への指導法である「処遇」との間には交互作用があり，ふさわしい指導法は個々の学習者によって異なるということである。

たとえば**図８-１**のように，適性にかかわらず，教授法Ａを用いた方が教授法Ｂを用いたときよりもテスト成績が高いという場合，交互作用はないということになる。このような場合には，教授法の選択に迷うことはあまりないだろう。

しかし，**図８-２**のようにある適性（適性Ｘ）の学習者にとっては教授法Ａ

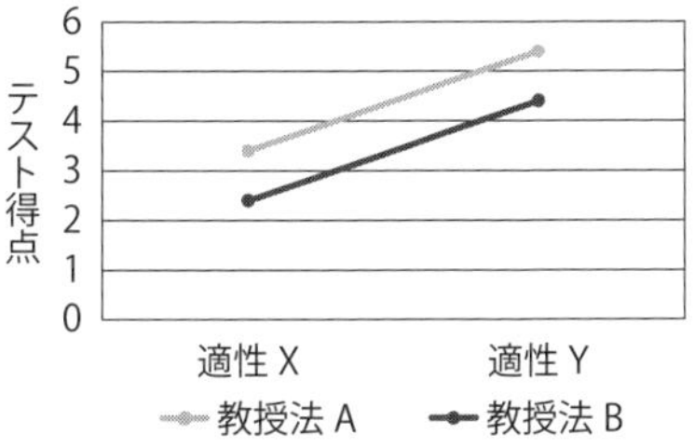

図8-1　交互作用のない場合

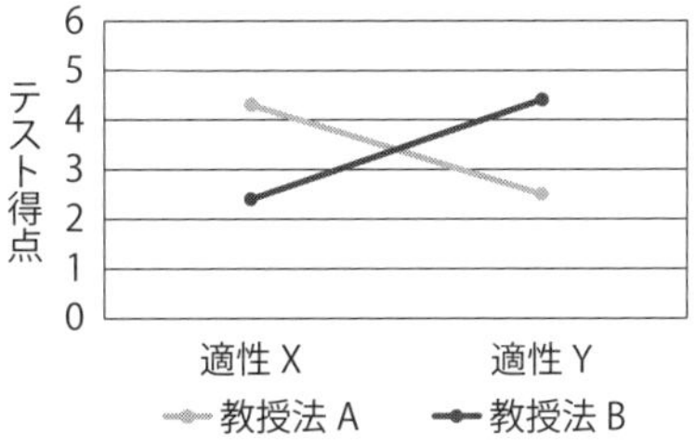

図8-2　交互作用のある場合

の方が高いテスト得点につながるのに対し，別の適性（適性Y）の学習者にとっては教授法Bの方が高いテスト得点につながるといった場合も存在する。たとえば同じ単元について学ぶ際，ある学習者にとってはテキストや講義などの言語を用いた説明を受けた方がわかりやすいのに対し，別の学習者にとっては映像を見て学ぶ方がわかりやすいといった場合である。このような場合を交互作用がある状態と呼ぶ。

このように一つの教室の中で最適な教授法が異なる子どもたちが混ざっている場合，教師はどのような選択をすればよいのだろうか。振り返ってみると，教授法Aのみを行って，適性Xの学習者は適性Yの学習者よりも優秀だととらえることがあったかもしれない。そのように考えると，学習者の能力差によるテスト得点の違いであるととらえていた現象の中に，たまたまその教授法との相性の善し悪しによってテスト得点の違いが現れていたということもあり得るのである。もちろん一斉授業の中で一人の教師がすべての学習者の適性を把握し，各内容に応じてそれぞれに合った教授法を用いていくということは容易なことではないが，「個に応じた指導」の重要性を考えさせられる視点ではないだろうか。

## 第2節　教室における個人差

子どもたちは，学校に入ると机を並べて同じ授業を受ける。しかしながら，その理解度や学びの結果としての評価においては，明白な学力の違い（差）がみられるのが現状である。この学力の違い（差）はどのような要因によってもたらされるのか，また，どのように個人差や違いをとらえるべきなのかを考える。

### （1）個人差の要因

教える側の教師にとっては，児童や生徒の学力レベルが同じである方が教えやすい。しかしながら，一つのクラスの中でも教える前の段階においてすでに学力にかなりの散らばりがあり，学年が進むにつれてその差が大きくなるように思われる。

学力の個人差を考えるとき，教室における学習行動の違いが直接的な要因の一つとして挙げられる。子どもの教室での学習行動には，授業中の注意や挙手などにみられる積極的授業参加行動（布施他，2006）の違いが考えられるが，その違いの根源となるものが学習への動機づけであろう。学習への動機づけの個人差は，様々な要因による影響が考えられ，子どもの内的な要因（成功への期待・達成するための意思決定行動・主観的課題価値・自己概念など）が多く関わっているが，それらの内的要因に社会的・情動的環境要因（子どもの性役割や文化的期待・これまでの経験の解釈・子どもの情緒的記憶・養育者の信念や行動・子どもの過去の学習経験・文化的固定観念・子どもの気質や能力）の影響があると考えられている（Wigfield et al., 2015）。養育者の経済力・信念・固定観念などは子どもを取り巻く社会的経済的環境である。保護者・養育者の経済力は，乳児期からの子どもの学習環境を整える上で重要な意味を持つ。乳児期から豊富な学習環境に恵まれた子どもは，小学校入学時においてそうでない子どもよりすでに優位にあると言えよう。また，それは，子どもの好奇心や学ぶ姿勢にも影響を及ぼすと言われている。乳幼児期の小さな違いは，児童期・思春期を経て大きな違い（差）となる可能性がある。

### （2）知能の特性による個人差

学校教育における個人差をより広い視野から多面的にとらえる考え方として多重知能理論がある。ガードナー（Gardner, 1983）によって提唱された多重

表8-1　多重知能理論

| | |
|---|---|
| ① | 言語的知能　話しことば・書きことばへの感受性，言語学習・運用能力など（作家や演説家，弁護士など） |
| ② | 論理数学的知能　問題を論理的に分析したり，数学的な操作をしたり，問題を科学的に究明する能力（数学者や科学者） |
| ③ | 音楽的知能　リズムや音程・和音・音色の識別，音楽演奏や作曲・鑑賞のスキル（作曲家や演奏家） |
| ④ | 身体運動的知能　体全体や身体部位を問題解決や創造のために使う能力（ダンサーや俳優，スポーツ選手，工芸家） |
| ⑤ | 空間的知能　空間のパターンを認識して操作する能力（パイロットや画家，彫刻家，建築家，棋士） |
| ⑥ | 対人的知能　他人の意図や動機・欲求を理解して，他人とうまくやっていく能力（外交販売員や教師，政治的指導者） |
| ⑦ | 内省的知能　自分自身を理解して，自己の作業モデルを用いて自分の生活を統制する能力（精神分析家，宗教的指導者） |
| ⑧ | 博物的知能　自然や人工物の種類を識別する能力（生物学者や環境・生物保護活動家） |

知能理論は，知能の個人差を脳科学的視点から考えるものである。ガードナーは，脳の機能分化をもとに８つの知能を提唱し，人には得意不得意があり，個性的であるということは，これらの８つの知能の使い方が人によって異なっていると考え，そこに個性や個人差がみられると述べている。多重知能理論は，①言語的知能②論理数学的知能③音楽的知能④身体運動的知能⑤空間的知能⑥対人的知能⑦内省的知能⑧博物的知能，の８つの知能に分類される。人は，８つの知能のすべてを持っているが，どの知能をよく使い，効率よく働くように発達させているかは，人によって異なる。それが，個人の得意不得意に関わり，自己意識や動機づけにも無意識に影響を与えていると思われる。

学校教育においては，この８つの知能の中で，とくに言語的知能や論理数学的知能と関係があり，これらの知能が高い子どもが定期テストなどでは良い成績を取ると考えられる。また，体育が得意な子どもは身体運動的知能が高く，幼少期からピアノやバイオリンを習っている子どもは音楽的知能に優れているかもしれない。その反面，対人的知能や内省的知能の高い子どもは，学校教育の場では明らかな評価が与えられないために目立たないかもしれないが，友人関係において相手を思いやる気持ちや自分を統制する力が強く，家族や周りの友人から信頼を得て，豊かな人間関係を形成することができる。これら2つの能力は，日本のように協調性や調和を重んじる社会で社会人となる上では非常に重要な知能と思われる。

### （3）個人差のとらえ方と個性について

上記のように，ガードナーが提唱する多重知能理論では，子どもは皆8つの（あるいはそれ以上の）知能を持っているが，子どもによって得意な分野（発達させてきた脳領域＝知能・能力）が異なっており，子どもの個性を表出している。学校教育において測ることができる能力は限られており，テストで測ることができない知能（対人的知能や内省的知能）も重要な知能である。子どもの得意・不得意分野を認め，学力に必要な知能だけを強調することなく，全人格的に子どもと向き合うことで，それぞれの子どもの長所を生かし，子どもの個性を豊かに伸ばしていくことができる教育を目指すべきではないかと考える。

## 第3節　個別指導と認知カウンセリング

### （1）個別学習指導としての認知カウンセリング

個人差の拡大によって，学校教育における様々な場面で個別指導の必要性が問われている。塾や家庭教師といった学校教育以外の個別指導はその目的に合ったやり方が考えられるが，その代表的な手法として「認知カウンセリング」（市川，1993）がある。認知カウンセリングは，認知心理学の情報処理的人間観と臨床心理学のカウンセリングの技法を取り入れることによって，課題の理解を導くことだけではなく，子どもを全人格的・包括的にとらえ，子どもの学びに対する姿勢をより良い方向に導くことを目指している。

## （2）認知カウンセリングの目的と考え方

市川らが実践する認知カウンセリングの目的は，「個に応じた指導・学習を通して『～がわからない』という児童・生徒を個別指導により自立した学習者にする」（市川，1993）ことである。臨床心理学のカウンセリング的技法を取り入れ，学習者は「クライエント」，指導者は「カウンセラー」と呼ばれる。また，認知心理学の情報処理的人間観は，子どもの認知プロセスを重要視し，学習に対する姿勢や動機づけのメカニズムから解明している。

## （3）学習観の重要性

認知カウンセリングが目的とする「自立した学習者」とはどのような学習者であろうか。自立した学習者の特徴として，とくに重要視しているのが「学習観」である。学習観とは学習者が持っている「学習とはこういうものだ」という学習に対する考え方であり，学習者の学習行動に大きく影響すると考えられている。中学受験や高校受験，また大学受験に合格することを目標としている子どもは，「本来あるべき学習観」ではなく「受験勉強のための学習観」を持ってしまい，それが子どもの学習行動を決定し子どものつまずきのきっかけになる可能性もある（市川，1993）。子どもがどのような学習観を持っているかを調べるための道具として「基本的学習観質問紙」を開発し，クライエントに対して実施している（**表 8 - 2** 参照）。

表8-2　基本的学習観質問紙

| あなたが，普段勉強したり，物を作ったり，考えたりするときに，間違えたり，失敗することがあると思います。そのようなとき，どうしているかを聞く質問です。それぞれの文が，あなたにどのくらいあてはまるかを考えて，1つだけ○をつけてください。 | | | 良くあてはまる | ややあてはまる | どちらでもない | ややあてはまらない | まったくあてはまらない |
|---|---|---|---|---|---|---|---|
| (一) | 1) | 少しでも正解と違っていれば，全くのまちがいだと思う | 1 | 2 | 3 | 4 | 5 |
| (一) | 2) | はじめから完全なものができないと，がっかりして止めてしまうほうだ | 1 | 2 | 3 | 4 | 5 |

| | | | | | | | |
|---|---|---|---|---|---|---|---|
| | 3) | テストでできなかった問題は，あとからでも解き方を知りたい | 1 | 2 | 3 | 4 | 5 |
| | 4) | 失敗を繰り返しながら，だんだん完全なものにしていけばよいと思う | 1 | 2 | 3 | 4 | 5 |
| | 5) | 思ったようにいかない時，頑張ってなんとかしようとする | 1 | 2 | 3 | 4 | 5 |
| (—) | 6) | テストでは途中の考え方より，答えが合っていたかが気になる | 1 | 2 | 3 | 4 | 5 |
| | 7) | まだ，考えている途中なのに，人から答えを言われるのは嫌だ | 1 | 2 | 3 | 4 | 5 |
| (—) | 8) | なぜそうなるのかわからなくても，答えがあっていればいいと思う | 1 | 2 | 3 | 4 | 5 |
| (—) | 9) | うまくいきそうにないと感じると，やる気がすぐになくなってしまう | 1 | 2 | 3 | 4 | 5 |
| | 10) | 失敗しても，いつかうまくいくはずだと思う | 1 | 2 | 3 | 4 | 5 |
| (—) | 11) | 難しいことを考えるのは，自分には向いていないと思う | 1 | 2 | 3 | 4 | 5 |
| | 12) | 答えがあっているかどうかだけではなく，考え方が合っていたかが大切だ | 1 | 2 | 3 | 4 | 5 |
| | 13) | ある問題が解けた後でも，別の解き方を探してみることがある | 1 | 2 | 3 | 4 | 5 |
| (—) | 14) | むずかしい問題ができないと，すぐにあきらめてしまうほうだ | 1 | 2 | 3 | 4 | 5 |
| | 15) | 思うようにいかないときは，すぐにあきらめてしまう方だ | 1 | 2 | 3 | 4 | 5 |
| (—) | 16) | クイズを出されたとき，自分で考えるより，はやく答えを言ってほしくなる | 1 | 2 | 3 | 4 | 5 |
| (—) は反転項目である | | | | | | | |

（市川，1993，p.66）

このような質問紙を用いて，クライエントの学習観が受験勉強のための学習観であるか本来あるべき学習観であるかを調べることは，つまずきがどのような信念に基づいた学習行動によるものであるかを顕在化することができる。

市川（1993）は，学習観において通常陥りやすい受験のための学習観を3つ挙げている（結果主義・暗記主義・物量主義）。受験勉強においては，正しい答えのみが意味を持つものであり，間違いは消したり答えに至る過程は無視したりしてしまう傾向があるのが結果主義である。暗記主義は，意味を考えずにただ公式を覚えることであり，手っ取り早く得点を稼ぐことは可能だが後には何も残らない。また，物量主義の子どもは，時間やドリルブックの枚数など，自分が理解できたかどうかではなく，「2時間勉強した」とか「ドリル3ページを終わらせた」など学習した時間の長さや使用したドリルのページ数に着目することが多い。その結果，学びにつながることが少なく，学習への動機づけが失われる子どもが見受けられる。

## （4）認知カウンセリングの6つの技法

子どもが，現在わからないことをわかるようになる過程では，いくつかの段階的な変化が考えられる。認知カウンセリングでは，理解に向けた現在の段階を知るための技法や内容をわかりやすく説明するための技法を提唱している。

**①自己診断**　自分がわからないところを自分で把握するために「どこがわからないのか」「なぜ，わからないのか」を子どもに言わせ自己診断させる。認知カウンセリングの実践例（市川，1993）によると，ほとんどの場合，どこがわからないのか言えないことが多いが，どこがわからないのか，なぜわからないのか自分で考え言おうと努力することが重要であると述べている。

**②仮想的教示**　理解した概念を実際には目の前にはいない他人（友だちや兄弟）に（仮想的に）教えるつもりで説明してもらう。理解していれば説明することができるが，理解しているつもりでも理解できていないことが多く，その場合には説明できない。自分が理解できているかどうか子ども自身に気づかせるためには重要なプロセスである。

**③診断的質問**　子どもがわかっているかを試す質問をすることで，子どものつまずきをチェックすることができる。これは，指導する側のカウンセラーが子どもの現状を把握する上で有効である。たとえば実践例の中で算数の引き算の理解において，マイナスの意味を理解したクライエントに対してカウンセラーは「そうそう，それでこの式の説明できるかな？」（市川，1993）と，最初間違えた式を提示してクライエントが本当に理解しているかどうか確認している。

**④比喩的説明**　たとえを用いて説明することで，わかりやすく説明する技法である。たとえば，ある実践では数学における－（マイナス）の概念を理

解するために，お金のやり取りにたとえて「－になることは借金すること」のように説明している（市川，1993）。

**⑤図式的説明**　文章で書かれた概念間の関係を図式化（視覚化）することでわかりやすく，整理することができる。その方法をクライエントに実践させることで技法を習得して必要に応じて応用することができるようになる。

**⑥教訓的帰納**　一連の課題が終わった後，またはわからなかった問題が解けるようになった後に，「なぜ，最初はわからなかったのか」を問い，「自分はどういう点で賢くなったか」を言語化し一般化したルールのような形で教訓を抽出しておく（市川，1993）。この教訓的帰納が学習者に内在化され，蓄積されていくことが，自立した学習者になるプロセスであると考えられる。

■引用文献

Cronbach, L. J., The two disciplines of scientific psychology, *American psychologist*, 12, 671-684, 1957

布施光代・小平英志・安藤史高「児童の積極的授業参加行動の検討——動機づけとの関連および学年・性による差異」『教育心理学研究』54，534-545，2006年

Gardner, H., *Frames of mind : the theory of multiple intelligences*, Basic Books, 1983

市川伸一編著『学習を支える認知カウンセリング——心理学と教育の新たな接点』ブレーン出版，1993年

Wigfield, A., Eccles, J., Fredricks, J., Sympkins, S., Roster, R. & Schiefele, U., *Development of Achievement Motivation and Engagement*, edited by Lamb, M. & Lerner, R., *Handbook of Child Psychology and Developmental Science*, Wiley, Vol.3, 657-700, 2015

■課題

1. 適性処遇交互作用とはどのような考え方だろうか。教室において考えられる適性と処遇の交互作用の具体例を挙げよう。
2. 多重知能理論を理解し，自分は多重知能理論の8つの知能の中ではどの知能が優れているか，考えよう。
3. 認知カウンセリングの基本的学習観質問紙を行い，自分の学習観が受験に影響された学習観であるか本来の学習観であるかを調べ，学習観と学習行動について考えよう。

■参考図書

市川伸一編著『学習を支える認知カウンセリング――心理学と教育の新たな接点』ブレーン出版，1993年

# 第 9 章　学習観と学習方略

本章では，学習に対してどのような考え方を持つのかという学習観の例を挙げながら自身の持つ学習観について考えてみよう。またどのような学習観を持っているのかによって，学習に際してとる方略も異なってくると考えられる。日頃，意識的にあるいは無意識のうちにとっている行動は学習方略として有効なのか考えてみよう。学習に対しての考え方を見直すことにより，方略の選び方に変化が起こってくることもあるだろう。さらに，学習を振り返り次の学習につなげていく自己調整学習という考え方についても学んでいきたい。

**キーワード**
学習観　学習方略　自己調整学習

## 第 1 節　学習観

第 8 章で学んだことと重なるが，学習観とは学習に対してどのようなとらえ方をしているかである。たとえば学習をする上では理解が必要だと考えたり，意味がわからなくても何度もやっていれば覚えられると考えていたりというように，学習に対する考え方は人によって異なっている。

### （1）行動主義的学習観と認知主義的学習観

第 3 章でも学んだように，何をもって学習の成立とみなすのかについては複数の立場がある。この考え方によって学習観も異なってくると考えられる。

行動主義（行動論）では，行動の変化を学習としてみなすため，教育場面においても「やらなかったことをやるようになる」「できなかったことができるようになる」といった変化を目指すだろう。一方，認知主義（認知論）では頭の中や心の中でどのような変化が起こったのかということをもって学習をとらえようとする。そのため，「どのような知識を得たのか」「どのような考え方の変化が起こったのか」「どのように理解したのか」といった変化を目指していくことになる。

この両者は同時に起こることもあれば，必ずしも一致しないこともある。教育を行う側がどのような変化を求めているのかによって，学習者への評価が変わってくることも起こり得るため，どのような学習観を持っているのか意識しておく必要があるだろう。

## （2）正統派の学習とごまかし勉強

藤澤（2002）は，新たな情報に出会ったとき，既有知識や日常生活との関係を考え，新しい知識として体系づけることにより，しっかりとした記憶や理解につなげていくような学習を「正統派の学習」と呼んでいる。一方，定期テストで良い点をとるために学習対象を絞り，機械的に暗記したり，ただ演習の量をこなしたりするような学習を「ごまかし勉強」と呼んで区別している（**図 9 - 1**）。

出題範囲の狭いテストにおいて，とにかく内容を機械的に覚えるというご

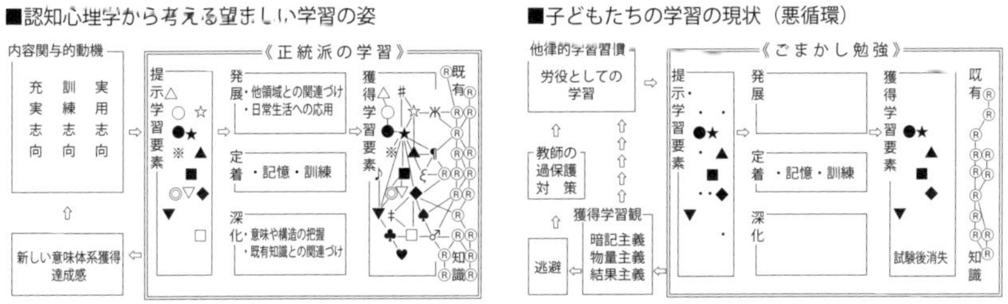


図9-1 「正統派の学習」と「ごまかし勉強」の比較

（藤澤，2002）

まかし勉強は，目先の高得点につながりやすく，正しい方法として強化されてしまいやすい。しかし，知識の定着はしにくいためにテストが終わるとともに忘れてしまったり，別の場面においてその知識を応用することは難しかったりする。一方，正統派の学習を行うためには一見無駄に思えるような情報も合わせて学んでいくために時間がかかり，すぐにテスト得点につながらないことも考えられる。しかし，情報同士がつながった状態であることから忘れにくく，新たな他の情報に出会ったときに結びつけていくことも可能となる。

### （3）教え込み型と滲み込み型

東（1994）は日米の育児態度を比較する中で，「教え込み型」と「滲《し》み込み型」という違いを指摘している。日米の母親に文字や形，数などをどのようにして教えたのかと尋ねたところ，アメリカの母親に比べて日本の母親は「別に教えなかった」という回答が多かった。アメリカの母親が持っている知識を伝達するのに対し，日本の母親は模範を見せる中でどうすればよいのかを子ども自身に見つけさせるという方法をとるという。

このような結果をふまえ，東（1994）は教育にもそれぞれのタイプがあると述べている。「教え込み型」の教育では，知識や技能を持つ教える者が，教えるためのカリキュラムに沿って教えていく。効率よく一定のレベルの学習を成立させていくということも可能だろう。

一方「滲み込み型」の教育では，環境が整っていれば子どもは「自然に」学ぶという前提に立つ。物質的な環境だけでなく，他の人たちとの関わりも環境に含まれる。このような教育が成り立つためには学習者が様々な興味を持ち，自発的に取り組んでいく必要がある。学習者の状況が整っていなければ，同じ環境が与えられても学びが起こらないこともあり得るだろう。

## 第２節　学習方略の獲得

学習方略とは，何かを学ぶときにその効果を高めようとして意識的にとる工夫である。たとえばテキストの大事なところに下線をひく，覚えたい用語を何度も書く，ノートをまとめ直すなどそれぞれの学習者が作り上げてきたやり方があるのではないだろうか。ワインスタイン他（Weinstein et al., 1988）は学習方略を以下の５つに分類している。

**①リハーサル方略**　記憶材料に繰り返し触れるというものであり，逐語《ちくご》的に反復する，模写するなどといった方法が挙げられる。このような方法は必ずしも内容を理解している必要はない。

**②精緻化方略**　イメージや既知の知識を加えることで，学習材料を覚えやすい形に変換し，本人の認知構造に関係づける操作である（辰野，1997）とされる。たとえば授業中に配られた資料に情報を補足したり，これまでに他の科目で習った情報と結びつけたりすることなどが挙げられる。場合によっては，学習材料の量を学習者自ら増やすということもあり得るが，そのようにすることにより逆に情報同士が結びつきやすくなるというものである。

**③体制化方略**　情報をグループ分けしたり，階層構造を作ったりすることにより，学習材料を整理する方法である。授業中にとったノートをあらためてまとめ直したり，情報を図表化して整理したりすることなどがあるだろう。

**④理解監視方略**　自分自身がどのように学習材料を理解しているのかをメタ認知的視点で監視し，必要であれば学習への取り組み方を見直したり，修正したりすることである。たとえば，内容について自分で問いを出して答えられるのか確認したり，自分で言い換えて説明したものが適切かどうか見直したりするといったことが挙げられる。このようなメタ認知的な視点は，自分自身の姿を一段上から観察するといったものであり，このような視点を持つことができると学習者自身が自分で学習活動を作り上げていくことができると考えられる。

**⑤情緒的方略**　学習者が情緒をコントロールし，学習に集中するための方略である。たとえば，静かな環境を用意することや気の散るものは視界に入らないようにすることで学習に向かう環境を作ることなどが挙げられる。また，この方略を用いるためにはそもそも自分自身が集中しようという意思を持つことも必要になる。

私たち学習者はこれらの方略をどのように獲得し，利用しているのだろうか。単にテストで高得点をとるということだけでなく，学習内容を習得しようとする中学生は多くの効果的方略を使いこなしているという報告がある（Ames & Archer, 1988）。ただし，場面に応じて方略を適切に使いこなすというのは容易なことではない。

吉田・村山（2013）は，有効だと考えていても使用しない学習方略があるのはなぜなのか，コスト感，テスト有効性，学習有効性の誤認識といった点から検討している。この結果，有効だとされている方略を学習者が使わないのは，「わかっているけど，面倒くさいのでやらない」「わかってはいるけど，目先のテストが大事」といった理由ではなく，そもそもどのような方略が学習材料を適切に理解し活用するために有効であるのかを的確に認識できていないからだと考えられた。

また，有効性の高い学習方略はうまく使いこなすのが難しいという側面を持つ（Miller, 1994）。たとえば，学習内容を整理してまとめ直すことはもちろん有効ではあるのだが，慣れない学習者の場合はノートをまとめることにすべての時間と労力を費やしてしまい，時間切れになってしまうといった姿を目にすることがある。学習全体への見通しを持ち，どのような目的のためにその方略を用いるのかということを考えた上で使用しなければ，有効な方略も有効性を発揮できないだろう。

このように，ある方略が万人にとっていつも有効で使いやすいというものではなく，方略を有効に使いこなせるようになるためには，個々の学習者が試行錯誤しながら自身に合った方略を選び，使うための訓練を重ねていく必要があると考えられる。そのように考えると，テストで出る情報だけを効率よく暗記できるような教材やテストで高得点をとるための方法に幼い頃から慣れてしまうと，自身で情報の取捨選択や整理をしたり，学習内容と向かい合ったりすることができないという学習者を生み出してしまうのではないだろうか。

## 第3節　自己調整学習

ジマーマン（Zimmerman, 1986）は学習者が自分自身の学習過程において，

**コラム**

教科書やノートの内容を覚える際に大事なところに下線をひくという方略を用いる人は多くいるだろう。読解時に下線をひくという行動は，符号化機能と外部貯蔵機能によって，読み手の認知的処理を促進するとされている（Di Vesta & Gray, 1972）。

しかし，下線をひきながら学習するといつも学習成果につながるわけではない。気がつけば下線だらけになってしまってどこが重要なのかわからなくなってしまったり，何のための下線なのかわからなくなってしまったりした経験はないだろうか。下線をひくという行動が有効な方略として働くためには，重要な情報を絞り込む必要があるような文章であること，下線をひいた情報を見直す時間的余裕があること，重要な情報を取捨選択できるような能力があることなどが関わっているのである。

このようにいつも何となくやっているから今回もやるといった方略の選択ではなく，内容や目的に応じた使い分けをしたいものである。そのためには手持ちの方略の種類を増やしておくことも必要になってくるだろう。さらに，児童・生徒に指導する際に，自分が使ったこともない方略を教えるということは難しいということも頭においておきたい。

メタ認知，動機づけ，行動に関して能動的に関与しながら進める自己調整学習という考え方を提唱した。

ジマーマン他（Zimmerman et al., 1996; 塚野・牧野訳，2008）によると，自己調整学習を行う上では，前の遂行について自己評価する段階，学習課題への見通しを持ち，計画を立てる段階，様々な方略を用いながら学習課題を遂行する段階，遂行の結果について自ら分析する段階が含まれる（**図 9 - 2**）。

最初の段階は課題に取り組む上で現在の状況を自分で評価することである。自分での評価が難しい場合には，教師や友人といった周囲の人からの客観的な評価が役立つこともある。

続いて，何のために学ぶのかという目標を定めることが必要になる。さら

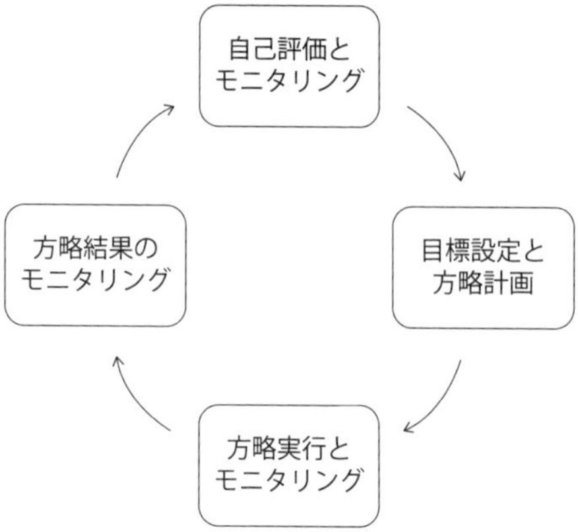


図9-2　自己調整学習のサイクル・モデル
（ジマーマン他，1996; 塚野・牧野訳，2008より作成）

にヘイズ他（Hayes et al., 1985）の研究によると，目標を他の人に知らせることにより成績が高くなったということも示されている。また，容易に達成できそうな低い目標を立てても効果は期待できないとともに，あまり高すぎる目標を立ててもそこに至るまでの道筋がわからなくなって頓《とん》挫《ざ》してしまうことから，設定する目標のレベルも重要になるだろう。

次に，課題に合わせた方略を選び，学習を進めていくということが求められる。これまでに用いたことのある方略や周囲の人から得た方略の中から選ぶこととなるが，使い慣れた方略を選びやすい。しかし，他の選択肢についても知り，経験することで，より様々な学び方を身につけていくこととなる。

そして，その方略を用いたことによる結果について振り返る段階である。もしうまくいかなかった場合には学習の過程のどこを改善することでうまくいくのかを考えて，改善を行うことになる。このようなサイクルを進めていくことで，学習者としてのレベルが高まり，成果を上げながら学習を続けていくことが期待される。また，このようなサイクルを自身で回していくようになるためには，それぞれの段階の経験を重ねていくことも必要となるだろう。学び続けることのできる学習者を育てていくためには，周囲の大人たちがこのような経験をする場を用意していくことも求められる。

## コラム

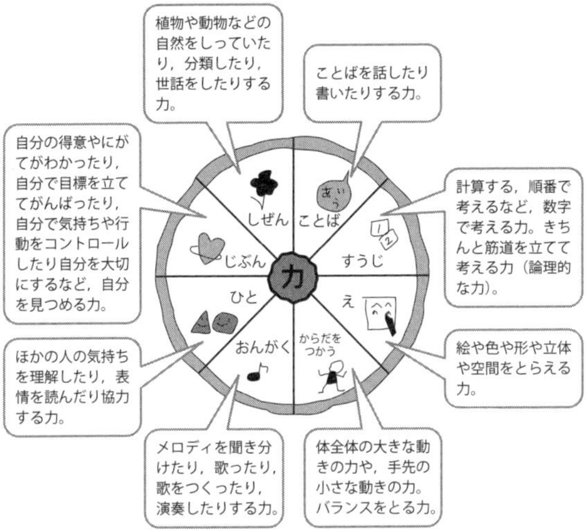


図9-3　マルチピザの8つの力

（涌井，2014, p.3より作成）

**図 9 - 3** はアームストロング（Armstrong, 2000; 吉田訳，2002）によるマルチ知能のピザを用いて涌井（2014）が作成し，子どもたちに提示したものである。それぞれの知能は第 8 章でも学んだガードナー（Gardner, 1999）による知能のとらえ方に対応している。

涌井によると，様々な課題を行うときに人間は複数の力を利用しているという。また，どの力を使うと学習しやすいのかは個々の学習者によって異なる。このような道具を用いながら，自分の使いやすい力はどれなのかを振り返ることは，自己調整学習につながっていくだろう。また，同じことを学ぶ上で様々な力を使う方法があると知ることによって，学び方の幅を広げていくことも期待される。

## ■引用文献


Ames, C. & Archer, J., Achievement goals in the classroom: Students' learning strategies and motivation processes, *Journal of Educational Psychology*, 80, 260-267, 1988

Armstrong, T., *Multiple Intelligences in the Classroom* (2nd Ed.), ASCD publications, 2000（アームストロング，T.『「マルチ能力」が育む子どもの生きる力』吉田新一郎訳，小学館，2002年）

東洋『日本人のしつけと教育——発達の日米比較にもとづいて』東京大学出版会，1994年

Di Vesta, F. J. & Gray, G. S., Listening and notetaking, *Journal of Educational Psychology*, 63, 8-14, 1972

藤澤伸介『ごまかし勉強（上）——学力低下を助長するシステム』新曜社，2002年

Gardner, H., *Intelligence reframed: multiple intelligences for the 21st century*, Basic Books, 1999

Hayes, S. C., Rosenfarb, I., Wulfert, E., Munt, E. D., Korn, Z., & Zettle, R. D., Self-reinforcement effects: An artifact of social standard setting? *Journal of Applied Behavior Analysis*, 18(3), 201-214, 1985

Miller, P. H., Individual differences in children's strategic behaviors: Utilization dificiencies, *Learning and Individual Differences*, 6, 285-307, 1994

辰野千壽『学習方略の心理学——賢い学習者の育て方』図書文化社，1997年

涌井恵編著『学び方を学ぶ——発達障害のある子どももみんな共に育つユニバーサルデザインな授業・集団づくりガイドブック：協同学習と「学び方を学ぶ」授業による新しい実践の提案』ジアース教育新社，2014年

Weinstein, C. E., Goetz, E. T. & Alexander, P. A., *Learning and study strategies: issues in assessment, instruction, and evaluation*, Academic Press, 1988

吉田寿夫・村山航「なぜ学習者は専門家が学習に有効だと考えている方略を必ずしも使用しないのか——各学習者内での方略間変動に着目した検討」『教育心理学研究』61，32-43，2013年

Zimmerman, B. J., Becoming a self-regulated learner: Which are the key subprocesses? , *Contemporary Educational Psychology*, 11, 307-313, 1986

Zimmerman, B. J., Bonner, S. & Kovach, R., *Developing Self-Regulated Learners: Beyond Achievement to Self-Efficacy*, American Psychological Association, 1996（ジマーマン，B. J. 他『自己調整学習の指導——学習スキルと自己効力感を高める』塚野州一・牧野美知子訳，北大路書房，2008年）


## ■課題

1. あなたの学習への取り組み方には，どのような学習観が影響しているだろうか。テ

キストで取り上げた概念を用いながら説明しよう。

2. あなたが普段用いている学習方略にはどのようなものがあるか，具体例を挙げてみよう。またそれらの方略はいつも有効だといえるだろうか。もしいえない場合には，どうすればより有効な方略になるのかという具体策を挙げよう。
3. あなたが用いている学習方略はどのようにして身につけてきたものだろうか。周りの人たちの影響も含めて振り返ってみよう。
4. 自身の具体的な学習の場面を取り上げ，現在の状況を評価するとともに今後の目標を設定し，方略の計画を立てよう。そしてその上で自己調整学習のサイクル・モデルにしたがって学習を進めよう。

■参考図書

西林克彦『間違いだらけの学習論――なぜ勉強が身につかないか』新曜社，1994年
涌井恵編著『学び方にはコツがある！その子にあった学び方支援――発達障害のある子とUD（ユニバーサルデザイン）な授業づくり』明治図書出版，2015年

# 第3部

# 適応と評価

第3部では，周囲の環境との適応および教育における評価について学んでいく。

まず，教室の中の関係性や不適応問題への関わりなどについて概念を整理していく。また，発達障がいや特別支援教育，心理アセスメントや心理療法などについても学ぶ。これらの問題は教師が一人で抱え込むのではなく，専門機関との連携の中で対応を考えていくことも多い。そこで，学校内外を含めた様々な人や情報をリソースとして生かしていくことが必要となるだろう。

さらに，学び続けていく教師の姿についても考える。現在「教育心理学」という科目を通じて学んでいることをどのように理解し，今後につなげていけるのかは人によって異なってくる。そのため，この科目を学んだことの成果を本当の意味で測れるのは，ずっと先のことになるかもしれない。そのような観点においても，教師になってからの学びの重要性について考える機会としたい。

また，教育の場面における評価についても扱う。評価というのはテストを行うことではないことを確認し，評価内容をいかに利用していくべきなのか，いかに利用することができるのかについて，考えを広げたい。

第3部の学習を通じて，様々な環境の中での学びや発達についてとらえられるようになり，学校という枠を超えた教育についても考えられるようになることが期待される。

# 第 10 章　教室の中の人間関係

本章では，教室の中の人間関係について，学級集団や学級風土がどのように作られていくのか，また教師と児童生徒，児童生徒同士の関係性に影響する要因や関係性をとらえる方法について学ぶ。教師が効果的なリーダーシップを発揮すると，子どもたちの達成や人間関係に効果的な影響を与える。また，教師が児童生徒を理解する際，本人も自覚できないような認知のゆがみが生じる可能性がある。教室の人間関係にまつわる事柄や関連する要因を学び，教師と児童生徒，また児童生徒同士が良好な関係を築くことによって，子どもたちの学習や学校適応に良い影響を及ぼすためにはどうしたらよいか，考えてほしい。

**キーワード**
学級集団　学級風土　教師のリーダーシップ　PM 理論　教師期待効果（ピグマリオン効果）　ゴーレム効果　ハロー効果（後光効果）　ソシオメトリック・テスト　社会的促進　社会的抑制

## 第 1 節　学級の形成と風土

学級集団とは，学校教育において教育目標を達成するために，公式の制度に基づいて同じ発達段階の子どもたちが集められた集団である。たとえば，「よく学び，よく遊び，元気な子」などの抽象度の高い学級目標が定められると，それを実現するために複数の下位目標が設定され，これらの目標を達成するように学級としての機能を果たしていく（蘭，1993）。ここでは，学級集団の特徴と機能，学級集団の発達，また学級風土について取り上げる。

### （1）学級集団の特徴と機能

学級集団は，友だちグループや同じ会社に所属する人々などの他の社会集団と同様の特徴も備えているが，学級集団に特有の特徴も見られる。学級集団は，学校や教師によって児童生徒の学力や人間関係など様々な観点を考慮した上で，意図的に編成されたフォーマル・グループ（公式集団）である。一方で，学級集団が作られ，学級としての活動が進んでいくと，その中には友だちグループのように自然発生的な集団であるインフォーマル・グループ（非公式集団）が作られるようになる。このように，学級集団は全体としてはフォーマル・グループであるが，その中に複数のインフォーマル・グループを内包するという二重構造をなしており，相互に影響し合うという特徴がある。

とくに，子どもたちにとっては，インフォーマル・グループ内外の人間関係が，学校生活や学級への適応に重要な意味を持つ。また，教師が学級経営を行っていく上でも，全体としてのフォーマル・グループだけでなく，インフォーマル・グループ内の関係性，インフォーマル・グループ同士の関係性にも配慮する必要がある。たとえば，複数の友だちグループ間の仲が悪いような状態であれば，学級全体の雰囲気も良いものにはならないであろうし，学級目標を達成することも難しくなるであろう。

上述のように，学級集団は教育目標を達成するために作られた集団であり，様々な機能を発揮することが求められる。田中（1992）は，学級集団の主な機能として，教え，学ぶという「教授－学習機能」，子どもたちに様々な役割を与え学級運営に参加させる「役割取得の訓練機能」，役割分担を通して他者のために行動するという「向社会的行動の育成機能」，学校や学級集団独自の規範を学び従うという「集団規範の体得・利己的欲求抑制機能」，学級集団での活動を通して他者から認められたいという承認欲求などを満たしていく「社会的欲求の充足機能」，同年齢の様々な子どもたちとの関わりを通して様々な感情を経験していく「共感性の育成機能」の6つを挙げている。

### （2）学級集団の発達

蘭（1993）は，学級集団の発達過程について，次の3段階を提唱している。学級は教師の影響によって，固有の発達過程があるとされており，この発達過程の移行は学年や学級によっても異なると考えられる。したがって，教師は現在担当している学級が，どの発達過程にあるかを見極めながら学級を作っていくことが求められる。

**①学級形成期**（教師主導期）　新しく学級が始まると，まず，教師主導による学級集団概念の構築（学級イメージづくり）が重要な課題となる。たとえば，生活ルールや対人関係の基本のルールの理解と確立や仲間づくりの推進，学級目標への合意形成とその役割行動の決定による組織づくりが行われる。教師は，子どもたちと相互理解を深め，信頼関係を築きつつ，主体となって学級づくりの考え方を啓蒙し，推進していくために様々なマネージメントを行うことになる。

**②学級安定期・変革期**（教師から生徒主導移行・委譲期）　この時期は，子どもたちによる積極的な学級活動が展開され，学級集団の自立化が主な課題となる。主導権は教師から子どもたちに移り，子どもたちの主導による学級目標の決定や実行が行われることによって，学級規範が確立され，学級がまとまりをみせるようになる。教師は，子どもたちに学校行事等に関する学級目標の決定や実行とその評価を繰り返し行わせることを通して，主導権を教師から子どもたちへと移行・委譲していく。

**③学級定着期**（生徒主導・教師相談役）　この時期は，年度末の学級解散に向けて子どもたちの自立性の確立が重要な課題となる。学級として目的集団を目指すと同時に，個々の子どもたちに学級規範や他の子どもの規範と自己規範との比較・照合を通して，自己価値の選択について考えさせ，自立性の確立を目指させることが求められる。教師は，指導よりも援助することが求められるようになり，子どもたちが教師から自立していくための素地を作っていく。

### （3）学級風土

何らかの集団が形成され，構造化されていくにつれて，その集団特有の雰囲気が作られていく。学級の場合，学級の雰囲気や個性は学級風土と呼ばれている。学級風土は，学級内の子どもたちの相互作用や教師から子どもたちへの働きかけなど，学級内の多様な要因から作られるものであり，また，そのような風土が学級内の子どもたちや教師の行動に様々な影響を与える（西田・田嶌，2000）。

こうした学級風土を測定するために，伊藤・松井（2001）は，尺度化を試みている。友人関係を中心とした人間関係の良さは，学校適応にとっても重要であるため，「関係性」の領域が重視されており，「学級活動への関与」，「生徒間の親しさ」，「学級内の不和」，「学級への満足感」，「自然な自己開示」の5下位尺度から構成されている。また，学級風土の個人発達と目標志向についての領域は，「学習への志向性」として測定される。そして，学級風土の組織の維持と変化の領域については，「規律正しさ」と「学級内の公平さ」からなっている。これらの項目について得点化することで，そのクラスの学級風土を測定することができる。**図10 - 1**は，ある中学生が1年生のときに在籍した学級と2年生のときに在籍した学級の学級風土を測定したものである（大西，2013）。当該の男子中学生は，1年生のときは学級適応が良好だったが，2年生になって不適応に陥ってしまった。学級風土を比べてみると，1年1組は学級内の人間関係が円滑で，満足感も高く，学業にも意欲的であることが読み取れる。一方，2年1組は，学級内の人間関係が悪く，学習意欲も低く，全体としてまとまりのないクラスであると考えられる。このように，学級風土を測定することで，学級の状況が明らかになったり，他の学級と比較することで，各学級の特徴を把握することができるなど，学級経営に生かすことができるであろう。

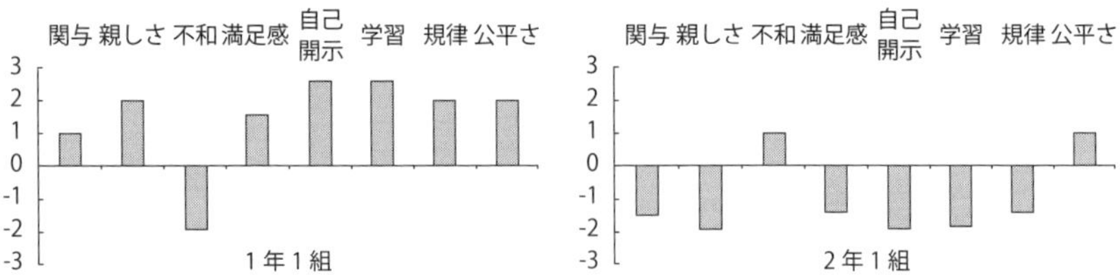


図10-1　1年1組と2年1組の学級風土の比較

（大西，2013）

# 第2節　教師と子どもの関係

## （1）教師のリーダーシップ

学級集団は，教師と児童生徒によって構成されている。教師には，学級を運営するためにリーダーシップを発揮することが求められる。リーダーシップとは，「ある共通の課題の達成に関して，あるメンバーが他者の援助と支持を得ることを可能とする社会的影響過程」と定義される（Chemers, 1977）。学級では，学習効果を上げること，学力をつけること，運動会や音楽会などの行事を成功させること等が集団としての課題の達成になるであろう。教師のリーダーシップについては，様々な検討がなされてきた。かつては，リーダーの性格や資質を検討するという特性論的な研究が多く見られたが，その後，指導行動のレパートリーのように教師のリーダーシップを類型論的に検討する研究が主流となった（三隅・矢守，1989）。さらに，効果的なリーダーシップは状況によって異なるとする状況論的な検討も行われている。ここでは，教師のリーダーシップに関する代表的な理論としてPM理論を取り上げる。

三隅（1978）は，リーダーシップを集団の目標達成（P機能：performance）に関する機能と集団の人間関係を維持する機能（M機能：maintenance）の2つの次元からとらえるPM理論を提唱した。それぞれの機能の高低の組み合わせにより，**図10-2**のような4つのタイプのリーダーに分類される。目標達成と集団の人間関係のどちらも重視するタイプがPM型であり，目標達成よりも集団の人間関係の方を重視するタイプがpM型であり，集団の人間関係よ

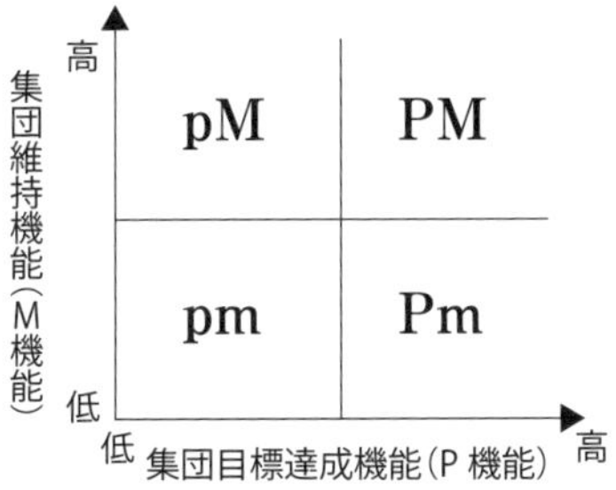


図10-2　PM 理論によるリーダーシップの類型

（三隅，1978）

りも目標達成を重視するタイプが Pm 型であり，どちらの機能も重視しないタイプが pm 型となる。多くの実証研究から，集団の目標達成と人間関係のどちらも重視するタイプの PM 型のリーダーシップが最も効果的であり，逆にどちらの機能も発揮しない pm 型のリーダーシップは効果性が低いことが示されている（三隅・矢守，1989，他）。

**コラム　PM 理論による教師のリーダーシップの測定**

三隅・矢守（1989）は，教師のリーダーシップを測定するための尺度を作成した。**表10 - 1** は，三隅・矢守（1989）が作成した尺度を児童用に表現を変え，整理したものである（黒川，2010）。三隅・矢守（1989）は中学生を対象として，担任教師に対するリーダーシップ行動の認知を測定するとともに，「授業満足度・学習意欲」，「学級への帰属度」，「学級連帯性」，「生活・授業態度」に関する調査を行った。その結果，これらの得点と教師のリーダーシップは関連があることが得られ，いずれの得点においても PM 型の教師を担任に持つ生徒が最も高く，pm 型の教師を担任に持つ生徒が最も低いことが示された。また，「授業満足度・学習意欲」，「学級連帯性」に関しては，pM 型が PM 型の次に高く，集団の関係性維持を重視する担任教師を持つ生徒が高くなっている。一方で，「学級への帰属度」と「生活・授業態度」に関しては，PM 型の次に Pm 型が高くなっており，目標達成を重視する担任教師を持つ生徒で高いことが得られている。このように，教師のリーダーシップは，児童生徒の学習意欲や学級適応などに影響するだけでなく，その内容によってもどのようなリーダーシップが効果的であるかは異なることが示唆されている。

表10-1　教師のリーダーシップを測定する項目

| | | まったく当てはまらない | あまり当てはまらない | 少し当てはまる | かなり当てはまる | 非常に当てはまる |
|---|---|---|---|---|---|---|
| ① P 機能 | | | | | | |
| 1 | 勉強道具などの忘れ物をしたとき注意する | 1 | 2 | 3 | 4 | 5 |
| 2 | 忘れ物をしないように注意する | 1 | 2 | 3 | 4 | 5 |
| 3 | 家庭学習（宿題）をきちんとするようにきびしく言う | 1 | 2 | 3 | 4 | 5 |
| 4 | 名札ハンカチなど細かいことに注意する | 1 | 2 | 3 | 4 | 5 |
| 5 | 児童たちの机の中の整理やかばんの整とん，ぼうしの置き方などを注意する | 1 | 2 | 3 | 4 | 5 |
| 6 | 物を大切に使うように言う | 1 | 2 | 3 | 4 | 5 |
| 7 | 学級のみんなが仲よくするように言う | 1 | 2 | 3 | 4 | 5 |
| 8 | 自分の考えをはっきり言うように言う | 1 | 2 | 3 | 4 | 5 |
| 9 | きまりを守ることについてきびしく言う | 1 | 2 | 3 | 4 | 5 |
| 10 | わからないことを人にたずねたり，自分で調べたりするように言う | 1 | 2 | 3 | 4 | 5 |
| | ① P 機能の合計点 | | | | | 点 |
| ② M 機能 | | | | | | |
| 1 | 児童の気持ちをわかる | 1 | 2 | 3 | 4 | 5 |
| 2 | 児童と同じ気持ちになって考える | 1 | 2 | 3 | 4 | 5 |
| 3 | えこひいきしないで，児童を同じようにあつかう | 1 | 2 | 3 | 4 | 5 |
| 4 | 児童が話したいことを聞く | 1 | 2 | 3 | 4 | 5 |
| 5 | 勉強のし方がよくわかるように教える | 1 | 2 | 3 | 4 | 5 |
| 6 | 児童がまちがったことをしたとき，すぐにしからないでなぜしたかを聞く | 1 | 2 | 3 | 4 | 5 |
| 7 | なにか困ったことがあるとき，相談にのる | 1 | 2 | 3 | 4 | 5 |
| 8 | 勉強がよくわかるように説明する | 1 | 2 | 3 | 4 | 5 |
| 9 | 児童と遊ぶ | 1 | 2 | 3 | 4 | 5 |
| 10 | 学習中，机の間をまわってひとりひとりに教える | 1 | 2 | 3 | 4 | 5 |
| | ② M 機能の合計点 | | | | | 点 |

（黒川，2010）

## （2）教師の認知が子どもに及ぼす影響

教師がある学習者に対し，成績が向上するという期待を持つと，実際にその学習者の成績が向上することがある。これは「教師期待効果（ピグマリオン効果[1]）」と呼ばれている。ローゼンタールとジェイコブソン（Rosenthal & Jacobson, 1968）は，教師に対して将来の知能の伸びを予測するテストと伝えた上で，通常の知能テストを実施した。そして，知能テストの結果とは無関係にランダムに選んだ児童を数名リストアップし，テストの結果，リストアップされた子どもたちの知能は伸びるという偽りの情報を担任教師に与えた。すると，リストアップされた子どもたちの知能は，他の子どもたちに比べて実際に向上していたことが明らかになり，とくに低学年でその伸びが著しいことが示された（**図10-3**）。

逆に，教師がある学習者の成績が下がるなどの否定的な期待を抱き，実際に成績が下がってしまうこともある。こうした現象をゴーレム効果という。教師期待効果もゴーレム効果も，教師の期待が意識的に，もしくは無意識的に自身の指導行動に影響し，それが学習者に影響を及ぼした結果であると考えられている。つまり，教師は児童生徒に対して，無自覚的に期待の有無などによって異なる接し方をしている可能性があり，ひいきや偏愛につながり得るという警鐘を鳴らすものでもある。

たとえば，教師がある児童Aの「学力が高い」という一側面を知ると，

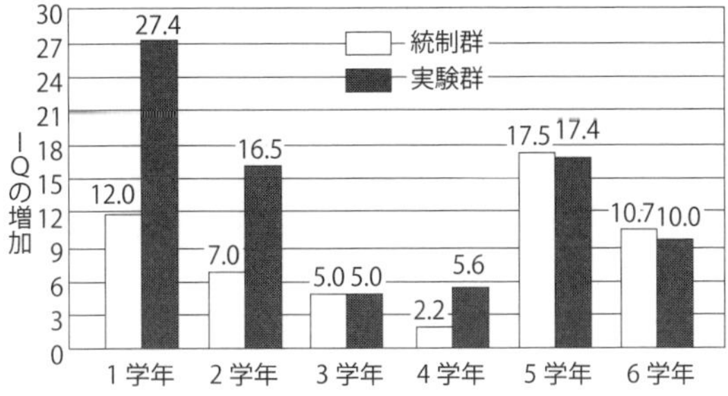


図10-3　教師期待効果による知能の伸び

（Rosenthal & Jacobson, 1968）

その児童に対して，性格も良く，学習態度も良いと認知してしまうようなことがある。このように，ある人の特定の側面について，望ましい，良い特性であると評価すると，その他の特性についても全体的に良い評価をしてしまうことをハロー効果（後光効果）という。これは，実際には一側面しか知らないにもかかわらず，全体的な評価を行ってしまうという認知のゆがみであり，教師の児童生徒理解において誤った理解を導きかねない。逆もまた然りであり，たとえば問題行動を起こす児童生徒に対しては，総じてその児童生徒に対する評価は低くなりがちである。こうした教師の児童生徒に対する認知は，自覚されないままゆがみが生じている可能性もあるため，十分配慮が必要である。

## 第3節　児童・生徒の関係

第1節で述べたように，学級は全体としてのフォーマル・グループの中に友だちグループのようなインフォーマル・グループを内包するという二重構造になっているため，インフォーマル・グループ内外の関係性を理解し，調整することは，教師が学級を運営していく上で重要である。

また，学校での学習や活動は，個人のみのものではなく集団での学習や活動でもあるという特徴がある。他者と共に学んだり，掃除や様々な活動を一緒に行ったりする際に，他者の存在がどのような影響を及ぼすのだろうか。

### （1）学級内の人間関係の理解

学校生活の満足度や適応を大きく左右する要因として，友人関係が挙げられる。とくに，年齢が上がってくると，親や教師よりも友だちの影響が大きくなり，友だちとの関係が良好であるかどうかが，いじめや不登校などの問題につながる可能性も出てくる。

友人関係は，年齢とともに変化することが明らかとなっている。年齢が上がるにつれて，一時的で壊れやすい関係から持続的な関係への変化，利己的・自己中心的な関係から互恵的な関係への変化，行動的・表面的関係から共感的・内面的関係への変化が見られることが示されている（井森，1997）。つまり，友人関係は，年齢が上がるにつれて関係性が続くようになり，一緒に遊ぶなどの行動面よりも共感してもらえる存在であるような精神面でのつながりが重視されるようになる。たとえば，親友のような親しい存在は「重要な他者」として，子どもたちを精神的にも行動的にも支える働きをするようになる。

一方で，関係性が続くようになるということは，関係がこじれたときに，解決が難しくなる場合も出てくる。たとえば，低学年の子どもたちはケンカをしても簡単に仲直りすることが多いが，高学年になると友だち同士の葛藤が関係性の悪化や，場合によってはいじめなどの問題につながることも少なくない。そのため，教師は学級内の友人関係には十分配慮することが求められる。

学級内の友人関係を理解するために，様々な方法が考案されている。たとえば，モレノ（Moreno, 1953）が考案した，子どもたち同士の好き嫌いの関係を把握することによって，子どもたちの結びつきから学級集団内の人間関係をとらえる「ソシオメトリック・テスト」がある（コラム参照）。また，「クラスの中で掃除をまじめにやっているのは誰ですか？」，「授業中，よく手を挙げる人は誰ですか？」，「誰にでも優しくする人は誰ですか？」などのように，学級内の子ども同士の人物評価を尋ねる「ゲス・フー・テスト」という方法もある。例に挙げたように具体的な行動や性格を例示して，該当するクラスメイトの名前を挙げさせるものである。これらの方法は，子ども同士の他者評価によるものであり，具体的な人物名を挙げさせることが特徴である。そのため，たとえばソシオメトリック・テストで「同じグループになりたくない人」のように排斥関係を尋ねると，名前を挙げられた子どもは傷つく恐れがあり，実施の際には十分配慮することが求められる。

一方，学級集団分析尺度 Q-U（楽しい学校生活を送るためのアンケート）は，学級集団の状態を診断するために作られた自己評価によるアンケートである（河村，2006）。個々の子どもたちの学校生活における満足度と意欲を測定するだけでなく，学級全体のデータから「なれ合い型」や「管理型」などの学級集団の状態を類型的に調べることができるように作られている。

**コラム　ソシオメトリック・テスト**

モレノは，学級集団内の人間関係を把握する方法として，ソシオメトリック・テストを考案した。人間関係の好き－嫌いや，受容－拒否関係を明らかにし，集団内の感情的な結びつきや集団の構造をとらえる方法である。たとえば，「休み時間に一緒に遊びたい人は誰ですか？」や「同じ班になりたい人は誰ですか？」のような質問に対して，クラスメイトの名前を３人くらいまで挙げてもらい，選択関係を**図10 - 4** 左のようなソシオマトリックスに集計する。それを基に，それぞれの子どもの選択関係を**図10 - 4** 右のようなソシオグラムに描くと，学級の構造を直感的に理解することができる。たとえば，被選択が集中する子どもは，人気児ととらえることができ，誰からも選択されない子どもは孤立児ととらえることができる。さらに，学級内の仲良しグループの構造も把握できるであろう。ただし，現在では，倫理的観点などから実施されにくくなっている。

| | 被選択者 | | | | | | | | |
|---|---|---|---|---|---|---|---|---|---|
| | 番号 | 1 | 2 | 3 | 4 | 5 | 6 | 7 | 8 |
| 選択者 | 1 | | | 1 | | | 3 | | 2 |
| | 2 | 3 | | 1 | | | | | 2 |
| | 3 | 1 | 3 | | | | | | 2 |
| | 4 | 2 | | 1 | | 3 | | | |
| | 5 | | 3 | 1 | 2 | | | | |
| | 6 | 1 | | 2 | | | | 3 | |
| | 7 | 1 | | 2 | | | 3 | | |
| | 8 | 2 | 3 | 1 | | | | | |

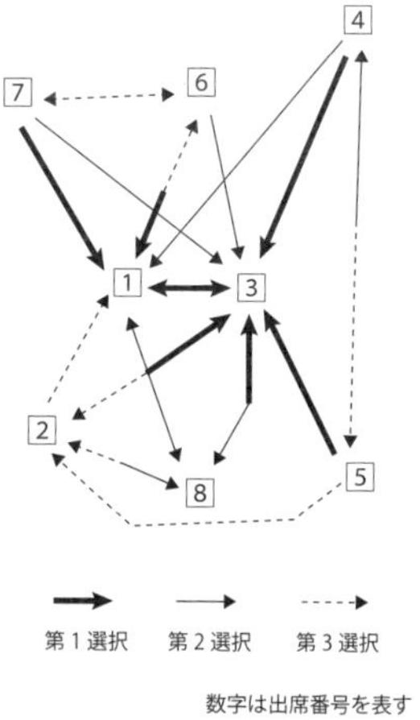


図10-4　ソシオマトリックス（左）とソシオグラム（右）の例

## （２）他者の存在が及ぼす効果

第６章でも学んだように，学校教育の中には，他者と協働する場面が用意されている。協働学習と呼ばれるように，数名のグループで問題を解決したり，話し合いを行ったりするなどの活動は，多くの授業で取り入れられている。また，学習場面だけでなく，給食当番や掃除当番，様々な係活動など，他の子どもと役割分担をしつつ協働することも学校生活では多い。たとえば，一人で学習するよりもグループで意見を出し合いながら学習する方が，より高い学習効果が得られることがある。また，掃除の時間においても，同じ掃除当番の友だちと協力することで，一人で掃除するよりも早くきれいに掃除できることがある。こうした例のように，一人で何かを行うよりも，他者と一緒に遂行する，もしくは他者の存在があるだけでパフォーマンスが上昇することを「社会的促進」という。

一方，他者がいることによって，かえってパフォーマンスが低下することもある。たとえば，数名で同じ場所を掃除する際に，他の子どもに任せて遊んでいる子どものように，一人であれば遂行するであろう分担を他者に任せて手抜きしたり，グループワークにまったく協力しないフリーライダー（ただ乗り）が見られることがある。このように，他者の存在によってかえってパフォーマンスや効率が低下してしまうことを「社会的抑制」という。

他者の存在がどのような影響を及ぼすかについては，設定された課題や目標，メンバー同士の関係性によっても異なるため，単に協働を取り入れればよいというわけではない。たとえば，グループ学習を設定する際にも，課題設定やどのようなグループを構成するのかについて，十分配慮することが求められる。

## ■注

1）ピグマリオン効果という名前は，ギリシャ神話に由来する。ピグマリオン王が，自ら彫った彫刻の女性に恋をし，その女性の像が本当の人間の女性になることを強く願ったところ，その願いが聞き入れられたというギリシャ神話にちなんでピグマリオン効果と呼ばれている。

## ■引用文献

蘭千壽「発達段階別 学級づくりの第一歩——教師も子どもも成長する学級づくりを」

『児童心理4月号臨時増刊』金子書房，12-19，1993年

Chemers, M. M., *An integrative theory of leadership*, Mahwah, N. J. : Lawrence Erlbaum Associates, 1997（チェマーズ，M. M.『リーダーシップの統合理論』白樫三四郎訳，北大路書房，1999年）

井森澄江「仲間関係と発達」『子どもの社会的発達』井上健治・久保ゆかり編著，東京大学出版会，50-69，1997年

伊藤亜矢子・松井仁「学級風土質問紙の作成」『教育心理学研究』49，449-457，2001年

河村茂雄『学級づくりのためのQ-U入門――「楽しい学校生活を送るためのアンケート」活用ガイド』図書文化社，2006年

黒川雅幸「教師のリーダーシップ」『体験で学ぶ社会心理学』吉田俊和・元吉忠寛編著，ナカニシヤ出版，178-179，2010年

三隅二不二『リーダーシップ行動の科学』有斐閣，1978年

三隅二不二・矢守克也「中学校における学級担任教師のリーダーシップ行動測定尺度の作成とその妥当性に関する研究」『教育心理学研究』37，46-54，1989年

Moreno, J. L., *Who shall survive? : Foundations of sociometry, group psychotherapy, and sociodrama*, New York: Beacon House, 1953

西田純子・田嶌誠一「中学校の「学級風土」に関する基礎的研究――「教師項目」を含む尺度作成の試み」『九州大学心理学研究』1，183-194，2000年

大西彩子「軽度発達障害と学級風土」『学校で役立つ社会心理学』吉田俊和・三島浩路・元吉忠寛編著，ナカニシヤ出版，95-101，2013年

Rosenthal, R. & Jacobson, L., *Pygmalion in the classroom: Teacher expectation and pupils' intellectual development*, New York: Holt, Rinehart and Winston, 1968

田中俊也「学級集団の理解」『教育心理学』子安増生・田中俊也・南風原朝和・伊東裕司編著，有斐閣，71-92，1992年

■課題

1. 学級集団の特徴について，グループの構造という観点から説明しよう。
2. これまでの担任の先生の中から一番印象に残っている先生を思い浮かべ，PM理論のどのリーダーシップにあてはまるか考えよう。
3. 教師が持ち得る児童生徒に対する対人認知のゆがみについて，どのような対策を立てることができるか具体例を挙げよう。
4. 学級内の人間関係をとらえる方法について，それぞれの利点，問題点を挙げよう。

■参考図書

森敏昭・青木多寿子・淵上克義編著『よくわかる学校教育心理学』ミネルヴァ書房，2010年
吉田俊和・三島浩路・元吉忠寛編著『学校で役立つ社会心理学』ナカニシヤ出版，2013年

# 第 11 章　不適応への理解と指導

近年，家庭の教育力の低下や携帯電話・インターネットの急速な普及によるコミュニケーションの質的変化など，子どもを取り巻く社会状況はめまぐるしく変化している。こうした変化に呼応するように，子どもたちの問題も多様化しており，不登校や引きこもり，いじめや非行など，それぞれの態様も大きく様変わりしている。

不適応という形で現れる子どもたちの問題に対して，我々はどのように理解し，対応していけばよいのだろうか。本章では，不適応の形として，不登校・いじめ・非行を取り上げ，その現状と実態および対応方法について説明する。

**キーワード**

不登校　いじめ　非行　連携

## 第 1 節　不登校への理解

### （1）不登校の歴史

学校に通えない子どもたちへのとらえ方は，時代ごとに大きく変化してきた。ジョンソン他（Johnson et al., 1941）は，心理的な問題で学校に行けない子どもを「学校恐怖症」と呼び，その一因を母子の分離不安に求めた。我が国でも，1950年代に入り徐々に「学校恐怖症」の症例が報告され始め，その後不登校児童生徒数の増加に伴い，1960年代後半に「登校拒否」という言葉が使われるようになる。「登校拒否」という名称は，これまで個人の特性や母子の問題ととらえられてきた長期欠席を，学校や教育の問題，とくに高度経済成長期に激化した受験体制の影響による不適応の問題としてとらえなおそうとする試みの中で生じた。しかし，1990年代に入り，拒否という名称は学校に行きたくとも行けない子どもたちの現状を表していないという指摘から，「不登校」という名称が使われるようになる。この頃，不登校児童生徒数は３万人を超え，全国各地に相談学級（現：適応指導教室）が急増する。そして，1992年文部省（当時）の通知によって，不登校は「特定の子どもに特有の問題があることによって起こる」ものではなく「どの子にも起こりうる」との見解が示され社会全体を含めた不登校への支援が行われるきっかけとなった。

## （2）不登校の現状と実態

不登校児童生徒とは，「何らかの心理的，情緒的，身体的あるいは社会的要因・背景により，登校しないあるいはしたくともできない状況にあるために年間30日以上欠席した者のうち，病気や経済的な理由によるものを除いたもの」（文部科学省，2016）をいう。

不登校の数は，1998（平成10）年度から2012（平成24）年度にかけて約10～11万人の間で推移していたが，2012年度を底に増加に転じ，2017（平成29）年度には過去最多の144,031人を記録した（**図11 - 1**）。内訳は，小学生が35,032人（185人に１人），中学生が108,999人（31人に１人）となり，依然とし

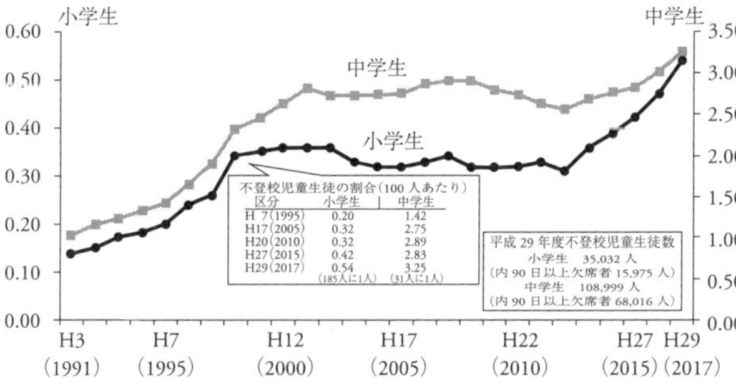


**図11-1　不登校児童生徒数の全児童生徒数に占める割合の推移**
（文部科学省「生徒指導上の諸課題に関する調査結果」より）

て不登校が学校にとって喫緊の課題であることをあらわしている。なお，上述の不登校児童生徒数のうち90日以上欠席している長期不登校者数は，小学生で15,975人，中学生では68,016人にのぼり，不登校の長期化による学習の遅れや生活習慣の乱れが懸念されている。

また，不登校児童の数は，学年が上がるにしたがって増えるのが特徴で，とくに小学校 6 年生から中学校 1 年生の間に不登校生徒数は約 3 倍と大きく跳ね上がることが知られている。これは，いわゆる「中 1 ギャップ」によるものといわれ，学校間移行による初期適応の問題としてとらえられることが多い。

ところで，不登校となった直接のきっかけについて，文部科学省（2018）は，「児童生徒の問題行動・不登校等生徒指導上の諸課題に関する調査」で「本人に係る要因」と「学校，家庭に係る要因」について調査をしている。その結果，「本人に係る要因」では，小・中ともに「無気力」や「不安」の傾向がある者が一番多く，次いで「学校における人間関係」に課題を抱えている者，「遊びや非行」の傾向がある者となった。また，「学校，家庭に係る要因」（複数回答）では，小学校では，家庭の生活環境の急激な変化，親子関係をめぐる問題，家庭内の不和等の「家庭に係る状況」の割合が高く，幼い子どもたちほど家庭の影響を受けやすいことが示唆されている。一方，中学生になると「いじめを除く友人関係をめぐる問題」や「学業の不振」が上位を占めるようになり，学校生活に起因する者の割合が高いことが特徴である。

ただし，「不登校」の背景は様々であり，直接のきっかけとその後不登校が継続する理由は必ずしも一致しない場合がある。さらに，いくつもの要因が重なって生じる場合や本人にもはっきりした理由がわからない場合などもある。そのため，不登校支援においては，「なぜ不登校になったのか」という原因の追究よりも「いかに対応するか」という支援の模索を重視することが大切である。

### （3）不登校への対応

不登校の子どもの状態像は，かつてに比べて多様化している印象を受ける。

たとえば，不登校の背景として，いわゆる神経症的な要因だけでなく，発達障がいや保護者による児童虐待などを持つケースが散見される。こうした課題を持つ不登校事例の場合，不登校としての対応を行うだけでは問題解決に至らないことが多い。そのため，個々の子どもが抱える課題を，慎重にアセスメントすることが重要である。たとえば，必要に応じてスクールカウンセラーや専門機関と連携し，適切なアセスメントから支援ができるように働きかけるなど，多様化する不登校の実態に応じて，学校全体がチームとなって支援体制を整える必要があるだろう。

また，文部科学省（2016）は，不登校への対応に対する基本的な姿勢として，児童生徒が将来的に精神的にも経済的にも自立し，豊かな人生を送れるよう，その社会的自立に向けて支援することとしている。すなわち，不登校を「心の問題」としてのみとらえるのではなく「進路の問題」としてとらえ，支援することの重要性が指摘されているといえるだろう。不登校支援においては，単純に再登校することによって問題が解決するわけではなく，自らの進路や自我の確立という課題に立ち向かうことが重要となる場合がある。子どもが自らの生き方を主体的に選んでいくために，本人の心理・社会的な発達を支えると同時に，学習支援や進路の形成なども含めた指導を行うことが大切である。

最近では，2017年に「教育機会確保法」が施行され，すべての学校に対し，不登校児童生徒の実態を踏まえ，個々の状況に応じた必要な支援を行い，彼らが安心して教育を受けられるよう，学校における環境の整備を積極的に行うことが求められることとなった。目先の登校という解決にとらわれず，不登校として現れた個々の子どもの課題を見極め，長い目で彼らが自分の生き方を見つめ，社会的自立ができるための支援が求められている。

## 第２節　いじめ問題への理解

### （1）いじめの定義

初めて国によるいじめの定義がなされたのは，学校でのいじめが原因と考えられる児童生徒の自死事件が相次ぎ，いじめが社会問題化した1986年であった。このとき，いじめとは「①自分より弱い者に対して一方的に，②身体的・心理的な攻撃を継続的に加え，③相手が深刻な苦痛を感じているものであって，学校としてその事実（関係児童生徒，内容等）を確認しているもの。なお，起こった場所は学校の内外を問わない」と定義された。ところが，そもそもいじめは教師の目に見えにくい形で行われることや，いじめられた側がその事実を教師や大人に伝えることは極めて困難であることなどの理由から，学校が認知したものだけを「いじめ」とすることに批判の声が上がった。そこで，1994（平成６）年に「いじめに当たるか否かの判断を表面的・形式的に行うことなく，いじめられた児童生徒の立場にたって行うこと」という文言が加わり，被害児童生徒に寄り添う姿勢が示された。

2006（平成18）年には大幅な改定が行われ，いじめは「当該児童生徒が，一定の人間関係のある者から，心理的・物理的な攻撃を受けたことにより，精神的な苦痛を感じているもの」と再定義された。この変更で注目すべきは，これまでの定義でいじめの構成要素として挙げられていた「力の優劣」や「行為の継続性」，「被害の深刻さ」などの文言がすべて削除され，『関係内攻撃』を示す文言が付け加えられた点である。2013（平成25）年，「いじめ防止対策推進法」が制定されたことによる定義改定の際も，2006年の定義がほぼ継承された。ただし，「インターネットを通じて行われることを含む」などの文言が新たに加わっている。また，新しく「いじめ」の中に犯罪行為として取り扱われるべき事案があること，警察等の外部機関と早期にあるいは直ちに連携する必要性について言及されており，「いじめ」問題に対する学校現場のさらなる意識改革が求められる。

## （2）学校におけるいじめの実態

文部科学省は，毎年「児童生徒の問題行動・不登校等生徒指導上の諸課題に関する調査」において，全国の小学校，中学校，高等学校および特別支援学校を対象に，いじめの実態把握を行っている（**図11 - 2**）。

ここ数年いじめ全体の認知件数は変動があるものの，いじめ防止対策推進

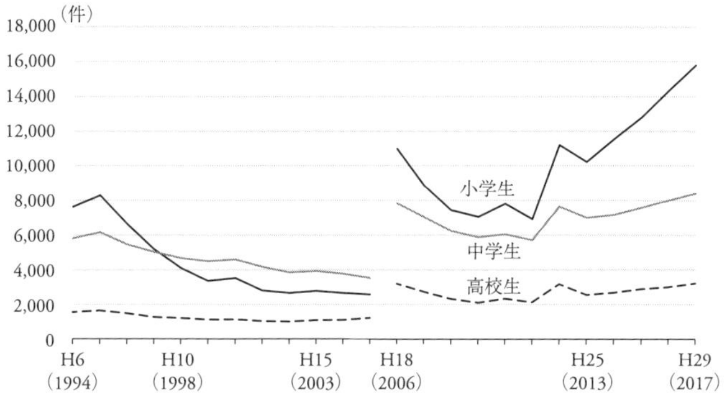


（注 1）平成 17 年度までは発生学校数，平成 18 年度からは認知学校数。
（注 2）平成 25 年度からは高等学校に通信制課程を含める。

**図11-2　いじめ発見・認知数の推移**
（文部科学省「生徒指導上の諸課題に関する調査結果」より）

法の施行に伴って定義が改定された2013年以降，すべての学校種において前年度と比べて増加しており，とくに小学校においてはその割合は顕著である。ただし，数字の増加が単純にいじめの増加・深刻化を示すわけではないだろう。2006年度の調査以降，いじめは「発生件数」ではなく「認知件数」へと調査内容が改められ，学校現場でもいじめの早期発見・早期対応への意識改革が進んでいる。こうしたことから，いじめの認知件数の増加は，事態の深刻さではなく，学校側の「いじめの芽」の早期発見への努力の証左としてとらえることもできる。

なお，いじめの内容については，最も多いのが「冷やかしやからかい，悪口，脅し」など口頭による心理的攻撃で，全体の62.3％を占めている。次いで「軽くぶつかられる・遊ぶふりをして叩かれる」などの暴力が21.0％，「仲間外れ・集団による無視など」の関係性攻撃が14.1％となっている。近年のいじめはその見えにくさに特徴があるといわれるが，「ふざけ」を擬態したいじめについて，我々は敏感であるべきだろう。また，近年問題視されている「ネットいじめ」は3.0％と割合は低いものの，高校生においては12.3％と，関係性攻撃に次いで多い数字となっており，注意が必要である。

## （3）いじめへの対応

森田ら（1994）は，日本のいじめの特徴を「同一集団内の相互同一化過程における異質者に対する同調ないしは排除への圧力」であると論じている。いじめる側である加害者は特定の個人や集団に対して「異質者」というレッテルを貼り，周囲の子どもたちを巻き込んで自分たちを「多数派」と位置づけ，標的とした子どもたちを責め立てる。しかし，実は，いじめがどの程度，どれだけ長く続くかは，加害者ではなく，周囲の子どもたちの態度や集団全体の雰囲気によって大きく左右される。森田ら（1994）はこうした子どもたちの関係性を「いじめの四層構造」として説明した（**図11 - 3**）。

これによればいじめは内から「被害者（いじめられっ子）」「加害者（いじめっ子）」「観衆」「傍観者」の４層を成しており，「観衆」がいじめを積極的に是認したり，「傍観者」がいじめを暗黙裡に支持したりすることで，いじめが促進される。反対に，「傍観者」や「観衆」の中からいじめに対して反対の声を上げる者や仲裁者が出ることで，いじめは急速に収束する。

いじめを防止するためには，ストレスマネジメントやアンガーマネジメントなど個々の生徒のストレス耐性や社会的適応力を伸ばしていくことと同時に，子どもたち一人一人がいじめに対してはっきりと「NO」といえる学級を作り，教師がその声をしっかりと受け止められる雰囲気を作っていくことが大切である。そのためにも，いじめに関するワールド・カフェの開催など，

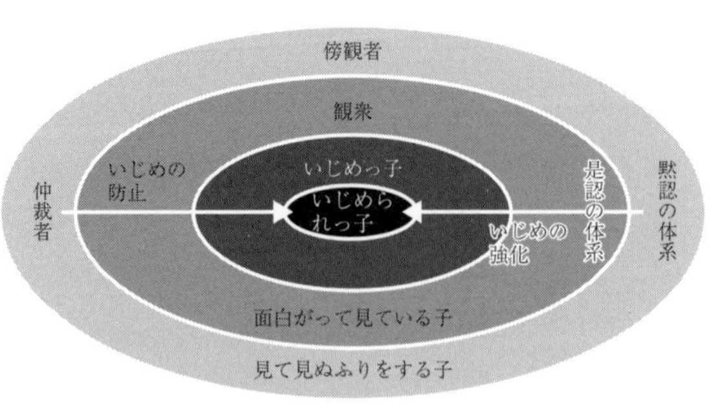


図11-3　いじめの四層構造

（森田ら，1994を参考に改変）

学校内で子ども主導の取り組みを積極的に実施し，子どもと大人が一緒にいじめ防止の校風を作り上げていくことが重要である。

## 第3節　非行への理解

### （1）非行とは

少年法によれば，非行少年とは，①犯罪少年（14歳以上20歳未満で罪を犯した児童），②触法少年（14歳未満で刑罰法令に触れる行為をした児童），③虞《ぐ》犯《はん》少年（20歳未満で一定の不良行為があり，かつ性格又は環境に照らして，将来罪を犯し，または刑罰法令に触れる行為をする恐れのある20歳未満の児童），の3つを指す。

①は家庭裁判所で審判に付され，保護処分やなかには刑事処分を受けることがある。また，②は14歳未満であるため刑事責任を問うことができず，児童相談所に通告される。ただし，2007年の少年法改正により少年院に収容できる年齢の下限が「おおむね12歳」に引き下げられるなど，近年は低年齢の非行にも厳しい対処がなされるようになった。③は家出・深夜徘徊など，犯罪行為はしていないものの，保護者のもとに帰らなかったり，犯罪性のあるような人や場所に関わったりするなど，犯罪に発展する恐れがあるものを指す。ただし，学校現場では非行は法律上の規定に限らず，校則違反や社会的規範の逸脱など非行的態度も含めて非行とされる（前田，1999）。

### （2）非行の現状と実態

「少年非行は社会を映す鏡」といわれ，都市化や核家族化など社会の変化に伴い，その質が変容してきた（**図11 - 4**）。最近では，非行の一般化，低年齢化，遊び型，短絡的などの特徴があるといわれ，インターネット環境の整備や携帯電話の普及に伴うSNS使用の若年化なども非行と密接に関連していることが指摘されている（前田，1999）。

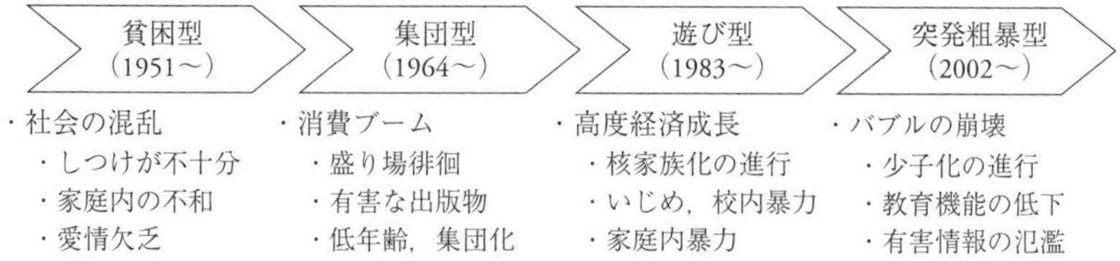


図11-4　非行の変遷

（有村，2017を参考に改変）

### 刑法犯少年

2017年度の刑法少年は26,797人で，同年齢層の人口1,000人当たりの検挙人数は3.8人と近年減少傾向にあるものの，成人と比較して人口比で約２倍と高い割合で発生している。種別で最も多いのは「窃盗」であり，年齢別にみると15歳が最も多く，全体の７割を占めている。また，初発型非行について年次推移を見てみると，2003（平成15）年をピークに減少傾向にある。

### 校内暴力

文部科学省は，毎年，全国の小・中・高等学校において「自校の児童生徒が起こした暴力行為」の調査を行っている。2017年度の調査によれば，学校内外で発生した暴力行為は，小学校で28,315件，中学校で28,702件，高等学校で6,308件であった。そのうち，学校内で発生した件数は，小・中・高等学校いずれも95％前後となっており，子どもの問題行動が校外ではなく校内で生じていることがわかるだろう。なお，学校種別にみると中学生の校内暴力件数が最も多くみえるが，中学生は2013年度をピークに減少に転じている。これに対して，小学校は2006年度に3,803件だった件数が2016（平成28）年度には20,000件を超えるなど，増加の一途をたどっている。校内暴力の若年化は，学校における新しい課題となりつつあるといえよう。

## （３）非行への対応

川畑（2006）は，近年の暴力行為増加の背景として，子どもたちが感情を制御できず，自分の気持ちを言葉で伝え，他人とコミュニケーションをとる力が低下してきている傾向にあること，また家庭の教育力の低下などにも問題があることを指摘している。

問題行動が生じた際，学校は事件そのものに対応するだけではなく，問題を起こした子どものその後の適応を見据え，自らが事件を反省し社会的規範を守ろうとする態度を身につけるよう指導することが大切である。そのため，子どもに対しては，毅然とした態度で問題行動等の行為は許されないことを示すと同時に，そうせざるを得なかった本人の課題や背景を十分理解し，その存在を肯定的に受け止めることが大切であろう。

子どもたちが抱えるストレスやコミュニケーションについては，ストレスマネジメント教育[1]を行うことでストレスへの対処方法を学んだり，ソーシャルスキルトレーニング（SST）やアサーショントレーニング（自己表現トレーニング）で自分の思いを相手に伝える方法や人間関係の工夫について学んだりすることが有効である。さらに，非行の防止という点では，性教育や喫煙・飲酒の防止教育，ネットリテラシー教育など，事態を未然に防ぐための予防的な支援も重要である。

教師は，子どもの抱える問題を早期発見するためにも，問題を起こしがちな子どもだけでなく，すべての子どもたちが一人一人活躍でき，自己の存在を受容できるような学級や学校の雰囲気を作りだすことを心掛けたい。また，生徒指導の方針や体制を常に教師間で確認・共有し，保護者や関係機関，地域との信頼・協力関係を築くことも問題の未然防止に有効である。

■注

1）ストレッサーに対する人間の心身のメカニズムや反応を理解し，ストレス反応を軽減あるいはストレス障害の予防や回復を行うことを「ストレスマネジメント」と呼ぶ。子どもに「ストレスマネジメント教育」を行うことは，ストレスについての正しい知識や対処方法を身につけ，セルフ・ケアができる力を育てることにつながり，困難な状況を乗り越える「生きる力」を育てることができる。

## ■引用文献


有村久春『改訂三版　キーワードで学ぶ特別活動——生徒指導・教育相談』金子書房，2017年

Johnson, A. M., Falstein, E. I., Szurek, S. A. & Svendsen, M., School phobia, *American journal of orthopsychiatry*, 11, 702-711, 1941

川畑直人「非行」『思春期・青年期臨床心理学』海保博之監修，伊藤美奈子編，朝倉書店，2006年

前田基成「非行と反社会的行動」『生徒指導と学校カウンセリングの心理学』前田基成・沢宮容子・庄司一子，八千代出版，105-122，1999年

文部科学省「不登校児童生徒への支援に関する最終報告」不登校に関する調査研究協力者会議報告，2016年（http://www.mext. go.jp/component/b_menu/shingi/toushin/__icsFiles/afieldfile/2016/08/01/1374856_2.pdf）（2019年4月30日閲覧）

文部科学省「児童生徒の問題行動・不登校等生徒指導上の諸課題に関する調査結果について」2018年（http://www.mext.go.jp/b_menu/houdou/ 30 / 10 /__icsFiles/afieldfile/2018/10/25/1410392_1.pdf）（2019年4月30日閲覧）

森田洋司・清永賢二『いじめ——教室の病い』金子書房，1994年


## ■課題

1. 不登校やいじめ，非行をテーマとした小説，漫画，映画作品など，興味を持った作品に触れ，登場人物の気持ちを考えよう。
2. 上記3つの不適応のうち1つを取り上げ，支援のためにどのような連携が可能か，地域にある専門機関を調べ，いくつか挙げよう。
3. 不適応を未然に防ぐための心理教育について，自分なりに調べ，その効果について考えよう。

## ■参考図書


有村久春『改訂三版　キーワードで学ぶ特別活動——生徒指導・教育相談』金子書房，2017年

菅野純『不登校——予防と支援 Q&A70』明治図書出版，2008年

# 第12章　発達障がいと特別支援教育

文部科学省が行った調査（2012）によれば，発達障がいが疑われる子どもの数は全児童生徒の約6.5％とされる。1990年代半ばから，発達障がいという言葉は急速に社会に広まった。しかし，発達障がいに対する理解は必ずしも進まなかった。むしろ，定型発達の子どもたちとの差異ばかりが強調され，扱いにくさや問題児というイメージだけが先行してしまったように感じる。

多様で包摂的な社会が求められる現在，特別支援教育の推進は，学校教育における重要な課題だといえるだろう。そこで本章では，発達障がいについて概観し，発達障がいを持つ児童生徒への支援と特別支援教育について言及する。

**キーワード**
自閉スペクトラム症　学習障害　注意欠陥多動性障害　特別支援教育

## 第1節　障害とは[1]

かつて，障害は異常な状態とみなされ，障害がある者は社会の厄介者として排除されてきた。そこには，障害を持つ人の人権を尊重する空気はなく，彼らの権利は軽んじられ，認められなかった。しかし，第2次世界大戦後，「世界人権宣言」を経て，各国にノーマライゼーションの考えが広がっていく。

1975年，国連総会で決議された「障害者の権利宣言」によれば，障害者とは，「先天的か否かにかかわらず，身体的ないし精神的な能力における損傷の結果として，通常の個人的生活と社会的生活の両方かもしくは一方の必要

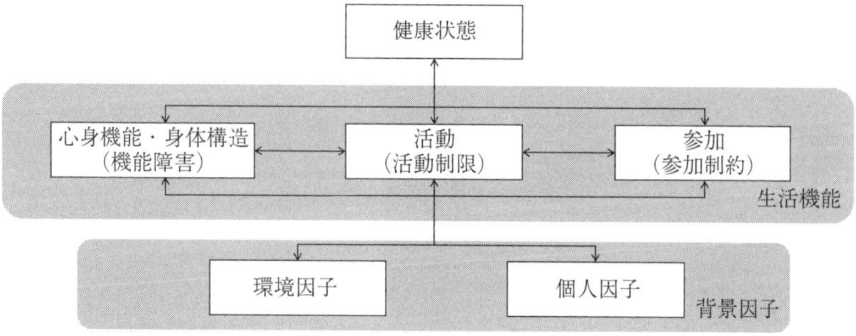


図12-1　国際生活機能分類（ICF）

（障害者福祉研究会編，2002に加筆修正）

を満たすことが，自分自身で完全にまたは部分的にできない者」とされ，ハンディキャップの内容や程度，原因にかかわらず，健常者と変わらない基本的な人権を有し，自立的に生活するための必要なサービスを受ける権利を有するとされた。

さらに，1980年には世界保健機関（WHO）が，障害をそれまでの医学モデルに変えて心理・社会モデルからとらえることを提案する「WHO 国際障害分類（ICIDH）」を発表した。ICIDH は，「正常に対する異常」「健康に対する病気」という 2 項対立の医学モデルから脱し，障害を「医学的な欠損（deficit）」「心理的な能力低下（disability）」「社会的不利（handicap）」の 3 側面からとらえるという点で，画期的な提案であった。

2001年，WHO はこのモデルにさらなる改良を加えた「国際生活機能分類（ICF）」を採択した（**図12 - 1**）。

ICF では，障害を「心身機能・身体構造（精神機能，運動機能，視覚，聴覚など心身のはたらき）」「活動（生活，コミュニケーション，学習，仕事など心理的な活動）」「参加（家庭，学校，地域社会などへの社会的参加）」の 3 つの次元に関する制限・制約ととらえ，それらの相互的な関係およびそれらに影響する因子からなるモデルとなった。影響する因子のうち「環境因子」には社会制度，周囲の人の味方，自然的・物理的環境などが，個人的因子には，性別，成育歴，ライフスタイルなどが含まれる。ICIDH が身体機能の障害による生活機能の障害（社会的不利）を分類するという考え方であったのに対し，ICFはこれらに環境因子という観点を加え，たとえば，バリアフリー等の環境を評価できるように構成されている。このような考え方は，障害の相互作用モデルと呼ばれ，障害者はもとより，妊婦や病気の人など誰にでも適応可能な，すべての市民の保健・医療・福祉サービス，社会システムや技術のあり方を示唆するものとなっている。

つまり，障害はその人の中のみ限定的に存在するものではなく，社会的支援が必要な状態を指すものであり，社会的な支援によって誰もが人間らしい豊かな生活を送る権利を有するといえるだろう。つまり，仮に個人が必要とする支援を行えないことで何らかの困難が生じているとしたら，それは教育，福祉，社会によってもたらされた障害なのである。学校教育においても，障害を理由に仲間外れにされることで学校に通えず学習に困難が生じたとしたら，それは他の生徒や教師，学校が作り出している問題だと考えられるだろう。

## 第2節　発達障がいの種類と特徴

医学的には，発達障がい（developmental disability）とは，心身が成長発達する時期に何らかの遅れや偏りが長期的に持続する状態をいう。多くの場合，それは中枢神経系の高次機能の障害であり，基本的には合併症などがない限り，障害自体は悪化しない。また，障害があっても成長に応じた発達は生じ，教育的・療育的支援によって，自立した豊かな生活を送ることが可能である。医学的な発達障害には，知的障害，自閉スペクトラム症，学習障害，注意欠陥多動性障害，発達性協調運動障害，発達性言語障害などがある。

他方，行政や教育における発達障がいとは，発達障害者支援法（第二条 第一項）に定められた「自閉症，アスペルガー症候群その他の広汎性発達障害，学習障害，注意欠陥多動性障害その他これに類する脳機能の障害であってその症状が通常低年齢において発現するものとして政令で定めるもの」を指す。ここでは，広汎性発達障害および自閉スペクトラム症，学習障害，注意欠陥多動性障害について説明する。

表12-1　ICD-10にみる広汎性発達障害の分類

| |
|---|
| F84：広汎性発達障害 |
| 84.0 自閉症 |
| 84.1 非定型自閉症 |
| 84.2 レット症候群 |
| 84.3 その他の小児期崩壊性障害 |
| 84.4 知的障害（精神遅滞）と常同運動に関連した過動性障害 |
| 84.5 アスペルガー症候群 |
| 84.8 その他の広汎性発達障害 |
| 84.9 広汎性発達障害，詳細不明 |

（障害者福祉研究会編，2002）

## （1）広汎性発達障害（Pervasive Developmental Disorders：PDD）および自閉スペクトラム症（Autism Spectrum Disorder：ASD）

WHO作成の「ICD-10（精神および行動の障害――臨床記述と診断ガイドライン第10版）」では，広汎性発達障害は**表12-1**のように分類される。表からも明らかなように，広汎性発達障害の中心となるのは自閉性の障害である。そのため，以下では自閉性の障害の中心概念である自閉スペクトラム症（以下，ASD）について説明する。

自閉症の概念は，1943年にカナー（Kanner, L.）によって報告されたものに端を発する。その後，自閉症は徐々に広がりを持つ概念となった。近年まで，自閉症は特徴ごとに下位分類されていた。しかし，それらの分類には明確な境界がなく，むしろ連続体として理解すべきだという観点から，アメリカ精神医学会（American Psychiatric Association, 2013; 日本精神神経学会監修，2014）の『DSM-V　精神疾患の分類と診断の手引き』（以下，DSM 5）より，自閉症的な特徴・症状の連続体の概念（BAP：Broad Autism Phenotype）が採用され，高機能自閉症[2)]やアスペルガー障害[3)]などの下位分類はなくなった。

ASDは，1,000人におよそ2，3人の割合で出現し，男性は女性に比べ3～4倍多いとされる（杉山，2007）。ASDの診断に関しては，以下の①と②に関して，具体的な状況から重症度の判定を行う。なお，常同行動や興味関心の限局が目立たない症例については，ASDとは分けて，「社会的コミュニケーション障害（SCD：Social Communication Disorder）」として診断する。

**①社会的コミュニケーションおよび相互関係における持続的障害**　社会的，情緒的な相互関係の障害／他者との交流に用いられる言葉を介さないコミュニケーションの障害／年齢相応の対人関係性の発達・維持の障害

**②限定された反復する様式の行動，興味，活動**　常同的で反復的な運動動作や物体の使用，あるいは話し方／同一性へのこだわり，日常動作への融通の利かない執着，言語・非言語上の儀式的な行動パターン／集中や焦点づけが異常に強く限定，固定された興味／感覚入力に対する敏感性あるいは鈍感性，あるいは感覚に関する環境に対する普通以上の関心

## （2）学習障害（Learning Disability：LD）

学習障害は，1970年代から使われるようになった比較的新しい用語で，教育用語である。学習障害は，文部科学省によって次のように定義されている（文部科学省，1999）。

> 学習障害とは，基本的には全般的な知能発達に遅れはないが，聞く，話す，読む，書く，計算するまたは推論する能力のうち特定のものの習得と使用に著しい困難[4)] を示す様々な状態を指すものである。学習障害は，その原因として，中枢神経系に何らかの機能障害があると推定されるが，視覚障害，聴覚障害，知的障害，情緒障害などの障害や，環境的な要因が直接の原因とされるものではない。

誤解されがちだが，学習障害の児童生徒には知的な遅れがあるわけではなく，学校での学習上で何らかの困難が生じる状態に置かれる可能性がある発達障がいの一つである。つまり，たとえば国語の読み書きや算数の計算といった特定の分野において，学習に困難が生じると考えられる。

一方，医学領域では，学習障害はより限定的に用いられることが多い。たとえば，DSM 5では，学習障害は「限局性学習障害（Specific Learning Disorders：SLD）」という診断名で説明され，読字障害，書字表出障害，算数障害，特定不能の学習障害に細分化される。これらは，読み・書き・算数の

表12-2　SLDの特徴

| | |
|---|---|
| 読字の障害 | 単語の読みの正確さ，読む速度，流暢さ，文章の理解など |
| 書字表出の障害 | スペル，文法，句読点，文章の明確さや構成の正確さなど |
| 算数の障害 | 数感覚，計算の正確さや流暢さ，数学的思考など |

能力が，実年齢や知能，教育の程度から期待される習得度に比べて大幅に低いこと，また日常や学業および職業を遂行する際に著しく妨げられていることが診断基準となっている（**表12 - 2**）。なお，文部科学省が示す「聞く」「話す」については，DSM 5では学習障害ではなくコミュニケーションの障害として，「表出性言語障害」などに分類される。

学習障害の背景には，何らかの中枢神経系の機能障害が推定されている。最新の研究では，ディスレクシア（dyslexia）は，健常児・者に比べて「大脳基底核」の過活動と「左前上側頭回」の低活動が示唆されている（Kita et al., 2013）。このような機能障害が生じる原因は，遺伝や胎生期の要因，周産期や出生後の要因などが考えられるが，これらはいずれも発達全般に影響するものではなく，部分的で軽度なものである。学習障害の場合，むしろ問題となるのは，障害そのものから来る困難ではなく，障害の結果2次的に生じる問題だとされる。たとえば，適切な指導が受けられないために読み書きが習得できず，その結果，学習への意欲が低下し，劣等感や無力感を感じ，ひいては不登校や就職先がないなどの社会的自立を阻害するという社会的不利を被る場合もある。実際，学習障害のある子どもはそうでない子どもよりも不登校の状態にあることが多い。学習障害を持つ子どもへの支援に際しては，2次障害への配慮が欠かせない。

### （3）注意欠陥多動性障害（Attention-deficit Hyperactivity Disorder：AD/HD）

注意欠陥多動性障害（以下，AD/HD）とは，年齢あるいは発達に不釣り合いな注意力，及び／又は衝動性，多動性を特徴とする行動の障害で，生活や学業に支障をきたすものをいう。また，そうした特徴が12歳以前に現れ，異なる2つ以上の場所（たとえば，学校（または職場）と家庭）において存在す

表12-3　AD/HD 診断基準

| |
|---|
| A1：以下の不注意症状が6つ（17歳以上では5つ）以上あり，6ヶ月以上にわたって持続している。 |
| 1. 細やかな注意ができず，ケアレスミスをしやすい。 |
| 2. 注意を持続することが困難。 |
| 3. 上の空や注意散漫で，話をきちんと聞けないように見える。 |
| 4. 指示に従えず，宿題などの課題が果たせない。 |
| 5. 課題や活動を整理することができない。 |
| 6. 精神的努力の持続が必要な課題を嫌う。 |
| 7. 課題や活動に必要なものを忘れがちである。 |
| 8. 外部からの刺激で注意散漫となりやすい。 |
| 9. 日々の活動を忘れがちである。 |
| A2：以下の多動性 / 衝動性の症状が6つ（17 歳以上では5つ）以上あり，6ヶ月以上にわたって持続している。 |
| 1. 着席中に，手足をもじもじしたり，そわそわした動きをする。 |
| 2. 着席が期待されている場面で離席する。 |
| 3. 不適切な状況で走り回ったりよじ登ったりする。 |
| 4. 静かに遊んだり余暇を過ごすことができない。 |
| 5. 衝動に駆られて突き動かされるような感じがして，じっとしていることができない。 |
| 6. しゃべりすぎる。 |
| 7. 質問が終わる前にうっかり答え始める。 |
| 8. 順番待ちが苦手である。 |
| 9. 他の人の邪魔をしたり，割り込んだりする。 |
| B：不注意，多動性 / 衝動性の症状のいくつかは12歳までに存在していた。 |
| C：不注意，多動性 / 衝動性の症状のいくつかは2つ以上の環境（家庭・学校・職場・社交場面など）で存在している。 |
| D：症状が社会・学業・職業機能を損ねている明らかな証拠がある。 |
| E：統合失調症や他の精神障害の経過で生じたのではなく，それらで説明することもできない。 |

（American Psychiatric Association, 2013; 日本精神神経学会日本語版用語監修，高橋・大野監訳，2014）

ることが診断の条件となる。なお，日本では全体の 3 ～ 7 %の子どもが AD/HD と診断されており，男児は女児より 3 ～ 5 倍多いことも知られている（鍋田，2007）。

AD/HD は，中枢神経系の機能障害や実行機能をつかさどる前頭前野を含む脳の働きの偏りにより生じると推定されるが，その原因はまだよくわかっておらず，遺伝的な素因や周産期の問題，環境要因などが複雑に関連して症状が現れるとされる。

DSM 5 による AD/HD の診断基準は**表12 - 3**のとおりである。ただし，AD/HD の診断は難しく，医師による丁寧な問診を行った上で AD/HD − RS, Conners など質問紙による行動評価に基づいて行われることが多い。また，子どもの状況に応じて，脳機能評価のため脳波検査，行動評価のための検査，知能検査などを含む心理検査，などが行われることがある。

AD/HD の特徴は，「不注意」「多動性」「衝動性」の 3 つに代表される。たとえば日常生活では次のような行動で現れることが多い。

**①不注意**　勉強や課題などにすぐ飽きる，気が散りやすい，忘れものが多い，好きなことや興味のあることには集中しすぎて切り替えが難しい。

**②多動性**　しゃべりだすと止まらない，じっとしていられない，落ち着きがない。

**③衝動性**　順番を待てない，考える前に行動してしまう。

なお，これら表出の仕方は人によって異なり，「不注意優勢型」「多動性 - 衝動性優勢型」「混合型」の 3 つのタイプに分類される。

## 第３節　特別支援教育の考え方

### （1）特別支援教育とは

2007年，学校教育法等の一部改正を受け，特別支援教育が始まった。特別支援教育では，障害の種類や程度にかかわらず，障害を持つすべての児童生徒の自立や社会参加に向けた主体的な取組を支援するという視点に立ち，児童生徒一人一人の教育的ニーズを把握し，その持てる力を高め，生活や学習上の困難を改善または克服するため，適切な指導および必要な支援を行うことを目指す。

特別支援教育の対象は，従来の特殊教育対象者（視覚障害，聴覚障害，知的障害，肢体不自由，病弱，言語障害，情緒障害）に加え，発達障がいも範疇に入ることとなる。また，これに伴い，これまでの盲・ろう・養護学校である「特別支援学校」は，地域の特別支援教育の中核としての機能を有し，1 つの特別支援学校で視覚障害者，聴覚障害者，知的障害者，肢体不自由，病弱者の複数の障害カテゴリーに対する教育が可能となった。さらに，これまでの通級指導教室や特殊学級は「特別支援学級」へと名称が変わり，通級によ

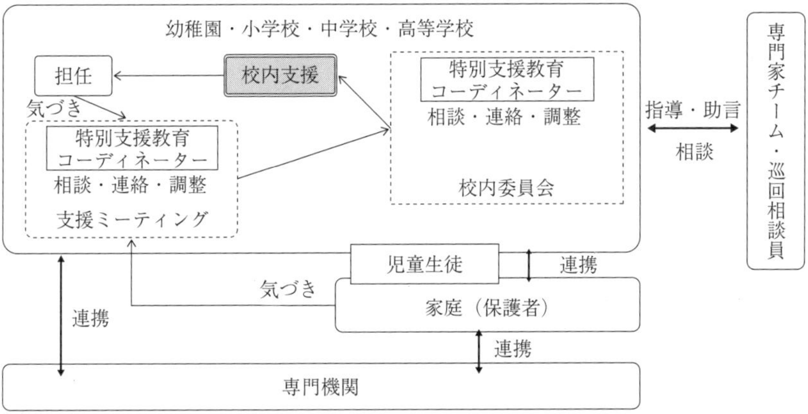


図12-2　支援システムとその流れ

（文部科学省，2010に加筆修正）

る指導の対象に，学習障害と注意欠陥多動性障害，自閉スペクトラム症が加わった。なお，通級には子どもが通学する学校内で指導を受けることができる自校通級のほかに，他の学校に週に何単位時間か定期的に通級して指導を受ける他校通級，通級担当教員が指導に来る巡回指導がある。

通常学級のある小・中・高等学校でも，障害がある児童生徒に関して，個々の障害の状態等に応じた指導内容・指導方法の工夫を検討し，適切な指導や環境調整を計画的・組織的に行わなければならない。校内には，校長が指名した特別支援教育推進役である「特別支援教育コーディネーター」が配置され，校内のニーズへの対応と校外からの支援をアレンジする。また，配慮を要する子どもの理解・対応を検討する「校内委員会」なども設置される（**図12 - 2**）。

校内では，障害のある子ども一人一人について指導の目的や内容，配慮事項などを記した「個別の指導計画（個別支援計画）」を作成し，教職員の共通理解のもとにきめ細かい指導を行うことが求められる。加えて，2018（平成30）年から順次施行される新しい学習指導要領では，就学前から卒業後までを視野に入れた連続性を重視する視点から，家庭や医療機関，福祉施設などの関係機関と連携した「個別の教育支援計画」を作ることも提言されている。

## （2）発達障がいを持つ児童生徒への支援

### 自閉スペクトラム症への対応

自閉スペクトラム症の支援にあたっては，TEACCH（Treatment and Education of Autistic and related Communication handicapped Children）に代表される構造化された教授方法が有効である。たとえば，学校の生活のルールは，絵や文字を使って視覚的な指示をする。また，毎回黒板に板書したり，授業自体を構造化し取り組ませたりするといった工夫もある。近年では，授業のUD（ユニバーサルデザイン化）がうたわれ，障害の有無にかかわらず，すべての子どものための授業改善の研究が進んでいる（小貫他，2014）。

なお，知的障害や認知・言語発達の遅れを伴わない自閉スペクトラム症の児童生徒の中には，学習場面で困難を感じない者もいる。しかし，自閉症特有の社会性の障害やこだわりといった特徴（たとえば，表情やジェスチャーを使ったやり取りや相手の気持ちを察して行動することが苦手，臨機応変な行動や柔軟な考え方ができない，興味の対象が狭いなど）を有するため，対人関係のつまずきとして問題が表出される。彼らは，他の子どもたちから「変わった子」「空気が読めない」などと嫌厭《けんえん》されることが多く，周囲の理解不足からくる生きづらさを抱えたまま過ごすと，不安障害や気分障害，不登校といった2次障害が生じることが少なくない。対人関係や社会性の問題には，SST（Social Skills Training）やロールプレイングを用いて，徐々にやり取りを学ばせる方法がある。また，手順を具体的に先に示すなど，指示の工夫によってこだわりが緩和されることもある。2次障害を防ぐためにも，問題を早期に発見し，保護者や他の子どもたちの理解も得ながら積極的に環境を調整することが大切である。

### 学習障害への対応

学習障害の場合，情報の入力や処理の機能に遅れや偏りがあるために，より高次の学習である話し言葉や書き言葉，算数の習得に困難が生じることが知られている。そのため，一人一人の情報の取り入れ方や処理の仕方の特徴を理解し，それに応じた学習方法を用いることで，スムーズな学習の支援が可能となる。

たとえば，幼児期に日常会話に問題がなくても，学校の学習の中で「聞き手を意識した整理された話し方が困難」「集団の中で話されていることがわからない」といった問題が生じることがある。これは，書き言葉の学習によって促進される学習言語における問題だと考えられる（大石，1997）。また，書字に時間がかかる，漢字の書字に困難がある等の背景には，運動性の問題や空間的な情報処理の問題などが推測される。こうした問題の実態把握には，心理アセスメントが欠かせない。そのため，必要に応じて知能検査（WISC－Ⅳ）などを実施することもある。

学習の遅れやつまずきは，自己評価を下げやすい。とくに，自我発達が進む思春期には，学習による自己評価の低さから学校適応に問題が生じる場合が少なくない。できるだけ早い段階で個々の児童生徒の特別なニーズに気づき，一人一人に合った支援策を講じることで，少しでも 2 次的な障害を減らしていくことこそ学習障害への支援の鍵だといえる。

## 注意欠陥多動性障害への対応

学校生活の中で最も重視されるのは，集団での活動に適応できるかどうかということだろう。この点において，AD/HD の子どもは厳しい目が注がれることが多い。たとえば，多動性により授業の進行に影響が出たり，衝動性によって仲間関係がこじれたりするなど，学校現場ではトラブルを起こす問題児，しつけができていない子などといったレッテルを貼られてしまうケースが見られる。

しかし，すでに述べた通り，AD/HD は育て方やしつけのせいではなく，脳機能の発達や成熟に偏りが生じたために起こる障害だと推定される。また，たとえば多動傾向の場合，低学年では着席困難などが目立つが，高学年になるとその傾向は和らぎ身体を動かしたりする程度になるなど，発達とともに表出の内容が変化する場合がある。中学以降も，学業が振るわないケースは非行に加わるケースが少なくないが，学業成績の良いケースは比較的適応が良いことが知られている（鍋田，2007）。

このように AD/HD の子どもへの支援を行うにあたっては，大人がその特徴をよく理解し，早期発見から適切な支援へとつなぐことで，２次的な問題を防いでいくことが重要である。

■注

1）法律・疾病名称に関わる箇所では障害，それ以外では障がいという表記を用いる。
2）自閉症のうち，知的発達の遅れがないタイプのものの総称。
3）1944年にアスペルガー（Asperger, H.）が「小児期の自閉的精神病質」という論文を発表したことに由来し，「高機能自閉症」の中で言葉の発達に遅れがないタイプを指す。
4）ここでいう著しい困難とは，低学年では1年以上の遅れ，高学年では2年以上の遅れを指す。

■引用文献

American Psychiatric Publishing, *Diagnostic and statistical manual of mental disorders: fifth edition*, American Psychiatric Publishing, Inc., 2013（American Psychiatric Association 編『DSM-5 精神疾患の診断・統計マニュアル』日本精神神経学会 日本語版用語監修，高橋三郎・大野裕監訳，医学書院，2014年）

Kita, Y., Yamamoto, H., Oba, K., Terasawa, Y., Moriguchi, Y., Uchiyama, H., Seki, A., Koeda, T. & Inagaki, M., Altered brain activity for phonological manipulation in dyslexic Japanese children, *Brain*, 136(12), 3696-3708, 2013

小貫悟・桂聖『授業のユニバーサルデザイン入門——どの子も楽しく「わかる・できる」授業のつくり方』東洋館出版社，2014年

文部科学省「学習障害児に対する指導について（報告）」1999年（http://www.mext.go.jp/a_menu/shotou/tokubetu/material/002.htm）（2019年4月30日閲覧）

文部科学省「特別支援教育について　第3部学校用」2010年（http://www.mext.go.jp/a_menu/shotou/tokubetu/material/1298167.htm）（2019年4月30日閲覧）

文部科学省「通常の学級に在籍する発達障害の可能性のある特別な教育的支援を必要とする児童生徒に関する調査結果について」2012年（http://www.mext.go.jp/a_menu/shotou/tokubetu/material/__icsFiles/afieldfile/2012/12/10/1328729_01.pdf）（2019年4月30日閲覧）

鍋田恭孝『思春期臨床の考え方・すすめ方——新たなる視点・新たなるアプローチ』金剛出版，2007年

大石敬子「学童期の LD 児の言語の問題」『LD（学習障害）——研究と実践』5(2)，日本 LD 学会，39-48，1997年

障害者福祉研究会編『国際生活機能分類（ICF）――国際障害分類改訂版』中央法規出版，2002年
杉山登志郎『発達障害の子どもたち』講談社，2007年

■課題

1. ICFに代表される近年の障害に対する考え方について自分の言葉で説明しよう。
2. ASD，LD，AD/HDそれぞれの特徴について自分なりにまとめ，学校の中でどのような困難に出会うか具体例を挙げよう。
3. 上記3つの障害のうち1つを取り上げ，2で述べた困難に対して学校ではどのような支援が可能か自分なりに考えよう。

■参考図書

平澤紀子『応用行動分析から学ぶ　子ども観察力＆支援力養成ガイド』学研プラス，2010年
榊原洋一『図解　よくわかる発達障害の子どもたち』ナツメ社，2011年
東京都日野市公立小中学校全教師・教育委員会，小貫悟『通常学級での特別支援教育のスタンダード』東京書籍，2010年

# 第 13 章　心理アセスメントと心理療法

日々の教育実践において，教師は，子どもの状況を即座に判断し対応することが求められる。このとき，教師が自身の勘や経験のみを基準に最適解を求めようとすると，「わかったつもり」になり，柔軟性を欠く対応に陥る危険がある。実際，どれだけ経験を積んでも同じ子どもや家庭は一つとしてなく，過去の経験に照らし合わせてもそれはあくまでも類似例に過ぎない。そのため，学校現場では，心理学など科学的な知識や分析方法を用い，個人の思い込みや価値観に偏らずに児童生徒の情報を収集・共有する必要がある。

本章では，児童生徒の多角的・多面的な理解のために有用な心理アセスメント，心理検査（特に知能検査）について概観し，その留意点について言及する。また，心理アセスメントをもとにした児童生徒への対応法としての心理療法についても言及する。

**キーワード**
心理アセスメント　知能検査　精神分析　来談者中心療法　認知行動療法

## 第 1 節　児童生徒理解とは

近年，子どもの問題は複雑化しており，教師個人の力だけでは問題が解決できないケースも少なくない。児童生徒はそれぞれ異なる能力を持ち，様々な興味・関心を抱き，それらを多様な方法で表現しながら，学校生活を営んでいる。すなわち，児童生徒は，一人一人異なる個性・人格を持つ存在であり，児童生徒の指導にあたっては，多角的・多面的に彼らを理解する必要があるだろう。

こうした児童生徒理解において，心理学，とくに臨床心理学的な知見は，大変役に立つ。たとえば，臨床心理面接の知識は，問題を抱えた子どもと接し，どのように理解していくかを考える上で，大きなヒントになるだろう。また，たとえば就学支援の際にどのような心理検査が行われているかを教育相談担当や特別支援教育コーディネーターの教師が知っていることは，その後の校内支援を行う上で有用である。さらに，近年は各学校に配置されるようになったスクールカウンセラーやスクールソーシャルワーカーなどとの協働に向けても，これらの知識を持つことでより連携がスムーズになることがある。

## 第2節　心理アセスメント

生徒指導提要によると，心理アセスメントとは，「『見立て』ともいわれ，解決すべき問題や課題のある事例（事象）の家族や地域，関係者などの情報から，なぜそのような状態に至ったのか，児童生徒の示す行動の背景や要因を，情報収集して系統的に分析し，明らかにしようとするもの」とされている（文部科学省，2011）。

コーチン（Korchin, 1976; 村瀬監訳，1980）は，心理アセスメントとは，①面接，②行動観察，③心理検査，④第三者（保護者や学校・職場の関係者）からの情報，⑤医師の診断や医学的検査，をもとにクライエントを理解し，有効な心理学的処遇を決定していくプロセスであるとした。つまり，心理アセスメントは，様々な方法を用いて情報を収集し，得られた情報を組み立て，推測し，再構成することを繰り返しながら，総合的にクライエントを把握することを目指す心理臨床の中核的な営みである。これらの点において，心理アセスメントは精神医学的な診断とは大きく異なる。

以下では，アセスメントで用いる手法について簡単に説明する。

### （1）面接法

対象となる児童生徒と実際に面談を行い，彼らの悩みや性格，現在置かれている状況などを把握する方法をいう。そのうち，あらかじめ質問項目と質問順序が決められている方法を構造化面接法といい，面接者がまったく自由に質問を行って対象者にも自由に会話をしてもらう方法を非構造化面接法という。また，2つの中間となる方法を半構造化面接法という。

構造化面接法では聞き漏らしが少ない反面，面接が形式になってしまうデメリットがある。なお，初期の面接では，児童生徒の不安を和らげるためにも受容的で温かい雰囲気を作り，ラポール（心理的つながり）の形成を心掛ける。

### （2）観察法

観察法とは，普段の学校生活の中で子ども自身や子ども同士，子どもと学級集団などについて，行動や表情などを観察することを指す。自然な状態のままで子どもを観察する自然的観察法と，場面を設定しその場面での行動を観察する実験的観察法がある。また，自然的観察法には，観察者が対象となる集団に参与しながら観察する参与観察法と，参与せず外部から観察する非参与観察法がある。

自然観察法は，対象となる子どもがいればいつでも観察ができ，日常場面に近い問題が発見できるというメリットがある反面，偶然の行動や一度きりの行動といつもの行動を判別することが難しいというデメリットがある。いずれの行動観察の場合にも，行動が環境との相互作用で生じることを忘れてはならない。

### （3）心理検査法

心理学で取り上げられる標準的な心理検査は，標準化の手続きに沿って作られており，信頼性，妥当性が備わっている必要がある。心理検査は，大きく分けて，対象者の能力をみるものと特徴をみるもの，状態を測るものの3つに分類される。具体的には，知能検査や発達検査，パーソナリティ検査，精神・認知機能に関する検査等がある。

## 知能検査

知能検査の歴史は古く，1905年にビネー（Binet，A.）とシモン（Simon, Th.）が開発した「知能測定尺度」が原型といわれる。その後，1916年にアメリカにて標準化された「スタンフォード・ビネー知能検査」が発表され，このときに初めて生活年齢と精神年齢との比によるIQ（知能指数）が導入された。これをもとに，我が国では田中寛一による「田中ビネー知能検査」が1947年に標準化され，現在は「田中ビネー知能検査Ⅴ（2歳0ヶ月〜成人対象）」が発表されている。日本で主に用いられている知能検査は，ビネー式とウェクスラー式に大きく二分される。ここでは，就学前健診などで用いられることが多い，ウェクスラー式の「WISC-Ⅳ（5歳0ヶ月〜16歳11ヶ月）」を扱う。

### 【WISC-Ⅳ】

WISC（Wechsler Intelligence Scale for Children）は，ウェクスラー（Wechsler, D.）によって開発された子どものための知能検査で，我が国では2010年に改定されたWISC-Ⅳ（5歳0ヶ月〜16歳11ヶ月）が最新版である。WISC-Ⅳでは，全検査IQ，言語理解指標（VCI），知覚推理指標（PRI），ワーキングメモリ指標（WMI），処理速度指標（PSI）の計5つの合成得点が算出される。

**①言語理解指標**（VCI）　言語の理解力や表現力，言語による思考や推理，習得された知識や語彙力などの能力水準を示す指標。

**②知覚推理指標**（PRI）　視覚や空間の認知といった非言語の理解力や表現力，非言語的な新奇課題への推理・対処能力や洞察力の水準を示す指標。

**③ワーキングメモリ指標**（WMI）　聴覚から得た情報を一時的に短期記憶にとどめ，注意力を保持しながら情報を処理する能力の水準を示す指標。

**④処理速度指標**（PSI）　視覚刺激へのすばやく正確な処理，注意，視覚的短期記憶，視覚－運動の協応などを示す指標。

全検査IQおよび4つの指標は平均が100，標準偏差が15となるように設定されており，得点化によって4つの指標およびそれらの差や下位検査のパターンを比較することで，個人内の能力の特徴を知ることが可能となる。

児童生徒に知能検査を実施する目的は，主に①子どもの実態を把握する一指標として知的発達水準を知る，②個人内の知能の構造的特徴を知り具体的指導（個別の指導計画策定など）のために用いる，の２点である。WISC−Ⅳは，とくに②を知るために有効であるとされる。ただし，個人の知能の形成や獲得においては，その成長・発達過程における生活環境や学習経験が重要とされる。そのため，数値にのみとらわれるのでなく，行動観察や生育歴など，その他の指標と照らし合わせて総合的に子どもの実態を把握することが求められる。

どのような検査であっても，心理検査を学校などの集団で実施する場合，結果の管理や結果の返却（フィードバック）の方法には，細心の注意を払う必要がある。とくに，教師が返却する場合は，成績をつけるためのテストとは目的が異なることを子どもに理解させ，本人の適応に役立てるように使用することが重要である。そのため，心理検査を使用する際には，心理検査の特徴や使用法をよく理解して実施することが求められる。

教師は，児童生徒の個人情報に関する守秘義務を負っている。専門スタッフや地域との連携には，児童生徒の個人情報の共有が必要な場合が生じてくる。しかし，そのような場合には，関係者の中で最低限必要な情報を共有し，それ以外には洩らさないという守秘義務・個人情報の保護についての共通認識が求められる。

## 第３節　心理療法とカウンセリング理論

人生相談や身の上相談は，問題の解決そのものを目的とするため，相談に対して具体的・直接的アドバイスを与える。一方，カウンセリングとは，相談に来たその人自身に焦点をあてるため，その人が問題解決も含めて人間的に成長できる（＝自己を信頼し，その人らしく生き生きと生活できる）ようにサポートすることを目的とする。つまり，カウンセリングとは，個人が遭遇する様々な事態に効果的に対処し，自分の道を見出していくことと自分の資質を最大限に生かすことを目的に，心理学・臨床心理学を理論的背景にした方法を用いて，クライエントの相談に応じていく援助方法だといえる。

教師がカウンセラーである必要はないが，カウンセリングに関する理論は，児童生徒を理解する際や教育相談を行う際，あるいは教師自身が自分の心に向き合う際にも役に立つだろう。そこで，以下では，主要なカウンセリングの理論について紹介する。

## （1）精神分析

精神分析学は，19世紀後半にウィーンの精神科医フロイト（Freud, S.）によって創始された心理療法の立場を指し，「無意識」の解明作業による治療や研究の体系をいう。広義には，フロイト以後の分派を含めた理論体系全体も指す。

フロイトは，当初，人間の心を「意識（今気がついている部分）」，「前意識（普段は気づいていないが，意識を向けることのできる部分）」，「無意識（抑圧されて意識できない部分）」に分けて説明した（局所論）。しかしその後，人の精神構造は下記 3 つからなり，互いにやり取りしながら外界に対処していると考えるようになった（構造論）（**図13 - 1**）。

**①イド**　エスとも呼ばれる。原初の心。精神活動の根源的な本能エネルギー（＝リビドー）の貯蔵庫であり，快楽原則に従う。

**②自我**　エゴとも呼ばれる。現実的な原則に従って論理的な判断をする。外界とエスが接触することによって生まれる。エゴは，イドに由来する本能

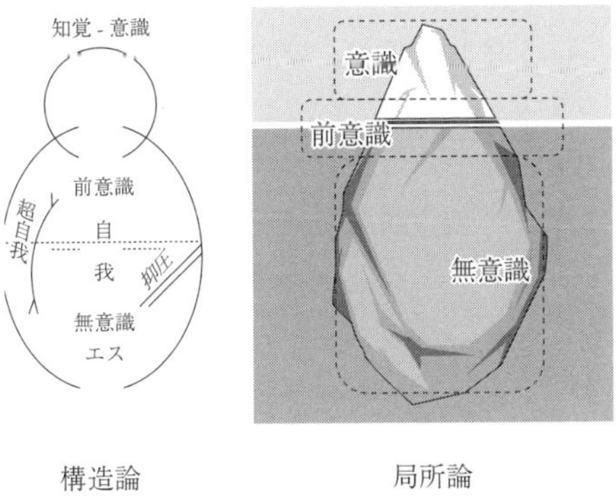


図13-1　精神分析における心の構造
（井村・小此木，1970を参考に改変）

的な衝動を加工して，苦にならない形に変える働きを持つ。これを「防衛機制」と呼ぶ。防衛機制の例としては，困難な場面から空想や疾患などに逃げる「逃避」，子ども返りのように幼くなる「退行」，欲求とは正反対の行動を強調する「反動形成」，衝動を現実的に容認される価値あるものに変換する「昇華」などがある。

**③超自我**　スーパーエゴとも呼ばれる。エゴが両親の道徳や理想を内に取り入れることによって生じる。「～すべき」といった規律規範的原則に従う。

### 精神分析による心理療法

精神分析では，人は，外界からの非難，嘲笑，拒否などを恐れ，無意識のうちに欲求の表出や充足を我慢することによって（＝抑圧），心身の問題が引き起こされると考える。そのため，精神分析においては，気づかない無意識の欲求を意識化させることが目標となる。クライエントは，問題発生に至らしめた過去の体験を，自由連想法や箱庭療法などの心理療法を用いる中で再理解していく。そのとき，抑圧されていた感情が解放され（＝カタルシス効果），自分の無意識に気づくことで（＝洞察），症状が緩和していくとされる。

なお，精神分析による心理療法の過程では，クライエントが医師やセラピスト等に「感情転移」を起こすことがある。転移には，医師やセラピスト等に対して信頼，尊敬，情愛，感謝などの感情を示す「陽性転移」と，敵意，攻撃性，猜疑《さいぎ》心，不信感などの感情を示す「陰性転移」の2種類がある。このような特殊な感情は，クライエントが過去に自分にとって重要であった人物（多くは両親などの養育者）に対して持っていた抑圧された感情が医師等に向けられたものと理解されている。転移の解釈は，幼い頃の未解決な葛藤を理解する契機となるなど，無意識を意識化させる術《すべ》として精神分析の中でも中心的な手法である。

## （2）来談者中心療法

来談者中心療法とは，ロジャーズ（Rogers, C.）とその共同研究者たちにより提唱され，展開された心理療法の立場である。その名称は，ロジャーズによって，「非指示的療法（Non-Directive Counseling）」から「来談者中心療法（Client Centered Therapy）」，「人間中心療法（Person Centered Approach）」へと時代を追って改名されている。この立場は，「個人は自分自身の中に，自分を理解し，自己概念や態度を変え，自己主導的な行動を引き起こすための巨大な資源を持っており，そしてある心理的に促進的な態度についての規定可能な風土が提供されさえすれば，これらの資源は働き始める」というロジャーズの仮説に基づく（Rogers, C., 1986; 中田訳，2001）。

ロジャーズ（Rogers, C., 1957; 伊東訳，2001）は，心理療法が成功するための6つの必要十分条件として，以下の条件を挙げている。

①2人の人が心理的に接触を持っていること。

②クライエントが不一致の状態にあるか，傷つきやすい状態にあるか，不安な状態にあること。

③セラピストが自己と経験との一致（congruence）の状態にあること。

④セラピストがクライエントに対して，無条件の肯定的配慮（unconditional positive regard）を経験していること。

⑤セラピストはクライエントの内的準拠枠を共感的に理解（empathic understanding）し，その経験をクライエントに伝達するよう努めていること。

⑥クライエントは，自分に対するセラピストの無条件の肯定的な配慮と共感的な理解を，少なくとも最小限は知覚していること。

なお，このうち③～⑤の3つは，セラピストが取るべき基本的態度の3原則と呼ばれ，最も重視される姿勢である。

## 来談者中心療法による心理療法

来談者中心療法では，クライエントの問題は，「自己概念（思い込みの自分；たとえば，いつも明るく元気な自分）」と「体験（あるがままの自分；たとえば，友だちの顔色をうかがってしまう自分）」とのズレ（＝自己不一致）によるものだと考える。このズレが大きいとき，人は自分の経験や体験に対して否定的になったり，自己概念が脅《おびや》かされて，不安や緊張が高まったりする。そのため，来談者中心療法においては，心理的に安心で自由な雰囲気の中で，柔軟な自

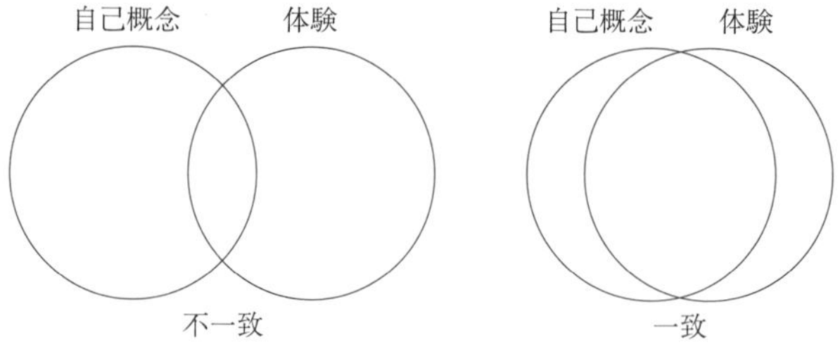


図13-2　ロジャーズの自己理論

己概念を取り戻し，自分の経験や体験した感情を否定したり歪曲したりすることなく，あるがままに受け入れること（＝自己一致）が目指される（**図13 - 2**）。

ロジャーズ（Rogers, C., 1986; 中田訳，2001）は，来談者中心療法は「人間の建設的な方向性のある流れを信頼するものである」と述べている。すなわち，セラピストとクライエントとの関係において必要十分な風土が提供されさえすれば，クライエントは自分自身に開かれた，あるがままの自分を受け入れ，自分を信頼することのできる存在へと変化すると考えた。それまでの，医師やセラピストが主導することでクライエントを変化させ治療するという発想を，ロジャーズは根本から覆したといえるだろう。ロジャーズのこうした主張は強いインパクトを与え，その後も大きな論争を呼んだ。

## （3）認知行動療法

認知行動療法は，クライエントの外的変数である行動の変容を目標とする行動療法に，内的変数である認知を変化させる技法を取り入れたものをいう。認知行動療法では，クライエントの問題は，環境との相互作用の中で生じた誤った考え方や歪んだ思考様式などによって生じるものだとされる。そのため，認知行動療法においては，様々な技法を用いて，認知や行動がより適切なものに変容するよう働きかける。

ここでは，認知行動療法の一つとして，論理療法を取り上げる。

### 論理療法

論理療法とは，エリス（Ellis, A.）によって創始された心理療法の立場である。論理療法では，人間の悩みや不安，悲嘆などのネガティブな感情は，自分の身に起きた出来事そのものではなく，出来事をどうとらえるか，すなわち出来事の受け取り方に左右され，不快な情動行動に影響を与えていると考えた。

この出来事の受け取り方は，ビリーフ（belief）と呼ばれ，後天的に学習したものであるとされる。ビリーフには，非合理的な信念であるイラショナルビリーフ（irrational belief）と合理的な信念であるラショナルビリーフ（rational belief）があるが，論理療法では，イラショナルビリーフをラショナルビリーフに変えることに焦点を当ててカウンセリングが行われる。

たとえば，ある一人の生徒と馬が合わず，クラス運営がなかなかうまくいかないと落ち込んでいる教師がいたとする。論理療法ではこれを次のように理解する。

この教師は，「一人の生徒と馬が合わない」という出来事（Activating event）に対して，「クラスのすべての子どもたちに好かれていない。そうだとしたら，私は教師失格だ」という信念（Belief）を持っており，「クラス運営に自信をなくし，落ち込む」という結果（Consequence）を招いている。したがって，この非合理な信念を「すべての子どもに好かれる必要はない」という形で論駁《ろんばく》（Dispute）することで，合理的な信念を得られるように説得していく。このようにして，効果的な新しい人生哲学（Effective new philosophy）が獲得され，症状が改善される。

なお，この方法は，それぞれの過程の頭文字をとって「ABC 理論（ABCDE 理論）」と呼ばれる。ただし，信念の変化は一度きりのカウンセリングで成し遂げられるわけではない。そこで，論理療法においては，日常場面で実践できるホームワークを課し，それに取り組むことで合理的な信念の習得を目指すことが多い。

■引用文献

フロイト，S.『フロイト著作集（6）』井村恒郎・小此木啓吾他訳，人文書院，1970年

Korchin S., *Modern clinical psychology*, New York: Basic Books, 1976（コーチン, S. J.『現代臨床心理学――クリニックとコミュニティにおける介入の原理』村瀬孝雄監訳，弘文堂，1980年）

文部科学省『生徒指導提要』教育図書，2011年

Rogers, C., The Necessary and Sufficient Conditions of Therapeutic Personality Change, *Journal of Consulting Psychology*, 21(2), 95-103, 1957（ロジャーズ, C.「セラピーによるパーソナリティ変化の必要にして十分な条件」伊東博訳『ロジャーズ選集（上）――カウンセラーなら一度は読んでおきたい厳選33論文』伊東博・村山正治監訳，誠信書房，265-285，2001年）

Rogers, C., A Client-centered/Person-centered Approach to Therapy, In Kutash, I. & Wolf, A. (Eds.), *Psychotherapist's Casebook*, Jossey-Bass, 197-208, 1986（ロジャーズ, C.「クライエント・センタード／パーソン・センタード・アプローチ」中田行重訳『ロジャーズ選集（上）――カウンセラーなら一度は読んでおきたい厳選33論文』伊東博・村山正治監訳，誠信書房，162-185，2001年）

■課題

1. 児童生徒を理解するために用いることができる具体的な手段について，自分なりにいくつか例を挙げよう。
2. 心理アセスメントについて自分なりにまとめ，医学的な診断との違いについて整理しよう。
3. 心理療法のうち一つを取り上げ，学校ではどのような場面での支援に利用できるか，自分なりに考えよう。

■参考図書

國分康孝『カウンセリングの理論』誠信書房，1980年

松原達哉・福島脩美編『カウンセリング心理学ハンドブック〈下巻〉』金子書房，2011年

楡木満生・田上不二夫編『カウンセリング心理学ハンドブック〈上巻〉』金子書房，2011年

# 第 14 章　学び合うコミュニティ

本章では，実践場面での教師の資質・能力向上のためのコミュニティの意味とその具体的な役割について学ぶ。教師の資質・能力は，教科指導・生徒指導などの知識・技術だけではなく，教育観の錬磨や自己成長に向けた探究心をも含む。そうした資質・能力を育むためには，コミュニティの中で省察と対話を中核とした交流が必要となる。また，学校内だけではなく，学校外にもつながりを求めて，社会と連動したコミュニティも増えてきている。教師が自らを主体的な学習者として高めていくためには，コミュニティの意味と役割を理解し，積極的に関わっていくことが求められる。

**キーワード**
コミュニティ　資質・能力　教師の成長　校内研修　自主研究会

## 第 1 節　教師の資質・能力と省察と対話による力量形成

教師は一人では成長しない。学校や学校外のコミュニティの中で自らの資質・能力を伸ばしながら成長していく。それは，教科指導や生徒指導などの知識・技術だけではなく，教育観の錬磨や自己成長に向けた探究心をも含む幅の広いものである。本節では，教師が成長していく上で必要な資質・能力とそれを伸ばすための力量形成のあり方について学ぶ。

### （1）教師に求められる資質・能力

教師の仕事は多岐にわたる。授業や学級経営はもちろんであるが，学校行

表14-1　資質・能力の層構成

| 資質と能力 | 内容 | 外からの観察・評価 | 個別的・普遍的状況対応 |
|---|---|---|---|
| 能力 | A 勤務校での問題解決と，課題達成の技能 | 易 | 個別的 |
| ↑ | B 教科指導・生徒指導の知識・技術 | ↑ | ↑ |
| | C 学級・学校マネジメントの知識・技術 | | |
| | D 子ども・保護者・同僚との対人関係力 | | |
| ↓ | E 授業観・子ども観・教育観の錬磨 | ↓ | ↓ |
| 資質 | F 教職自己成長に向けた探究心 | 難 | 普遍的 |

（今津，2012）

事のための準備・運営や，保護者や地域との連絡や調整，児童生徒が怪我や病気をしたときの対応，生徒の問題行動への対処など，限られた勤務時間の中にこなさなければならない業務は限りなく多い。

そのような業務を遂行するために教師に求められる資質・能力とは何なのだろう。今津（2012）は，教員の資質・能力を以下の6層から構成されるものとしてとらえている（**表14-1**）。

Aの「勤務校での問題解決と，課題達成の技能」とは，校務分掌上に位置づけられる自分の業務を確実に遂行する技能を指す。たとえば，遠足の担当になれば，目的地の確認や道順の教職員への周知，安全確保などが挙げられる。

Bの「教科指導・生徒指導の知識・技術」とは，授業や生徒指導を効果的に遂行するための知識・技術を指す。教師が発する問いかけや板書，児童生徒を精神的な安定に導く生活指導といった教師の仕事の中核を成すものである。

Cの「学級・学校マネジメントの知識・技術」とは，学級や学校を効果的に運営するための知識・技術である。学級担任であれば学級経営力，ミドルリーダーや管理職には学校を組織的に運営する力が求められる。

Dの「子ども・保護者・同僚との対人関係力」とは，児童生徒や保護者，同僚と快適な人間関係を築いていくための調整力である。相手の価値観や実際の問題に対峙しながら対応の仕方を身につけていくことが求められる。

Eの「授業観・子ども観・教育観の錬磨」とは，教育実践を支えるための基盤となる考え方である。自らの教育実践を改善していくためには，こうした基盤となる考え方を常に磨いていく必要がある。

Ｆの「教職自己成長に向けた探究心」とは，こうありたいという自分が望む姿に向けて，自らの能力と意識を絶えず伸ばしていくための探究心である。探究心が強い教師はあらゆることに意欲的になる。

今津は，教師が育つ過程でＦの探究心を資質として根付かせるために，いかに具体的な教育と研修プログラムを提供できるのかが重要な課題となると主張している。探究心が枯渇した教師はＡ～Ｅすべてが低下するからである。したがって，教師の成長を考える場合，単なる指導技術の獲得といったことではなく，Ａ～Ｆといった6層の資質・能力を高めることを意識しなければならない。

## （2）教師の力量形成

大学を卒業して初任者として教壇に立った多くの教師は「大学で学んだ理論が役に立たない」と感じることが多い。それだけ学校現場の問題は複雑であり多岐にわたっているからであろう。しかし，大学は「現場ですぐに役立つ教育技術」を学ぶ場ではない。そこで，「大学では理論を学んで，現場では技術を身につける」と一般的には考えられることが多い。たしかに，プロフェッショナルと呼ばれる熟達者たちは，問題解決に応じた技術を身につけ，それを手段として「適用」することで卓越した仕事を遂行する。教育の世界においても，授業の達人と呼ばれる教師たちは卓越した教育技術を持っている。したがって，多種多様な教育技術を数多く身につけていけば手段が増え，素晴らしい教育活動ができるようになると考えられやすい。とくに初任者は教育技術がなければ教育活動そのものが成立しない。このように，技術を実践の問題解決に厳密に合理的に「適用」する考え方を「技術的合理主義」と呼ぶ。

しかし，組織学習の研究者であるショーン（Schön, 1983；柳沢・三輪訳，2007）は，「技術的合理主義」の限界を指摘している。「問題を解決するために，定められた手段を選ぶ」ということばかりを強調すると，「問題の設定」そのものが無視されてしまうというのである。現代の学校や教室においては，既存の技術を「適用」すればすぐに解決できるような単純な問題ばかりではない。たとえば，総合的な学習の時間や特別支援教育などにおいては，学習の条件や児童生徒の特性など，複雑で不確実な問題が数多く生じることが多い。

ショーンは，技術的合理主義だけでは複雑で不確実な問題の解決に向かわないということを示した。そして，自分がしている行為について，その行為の最中に驚き，その行為について振り返ることを，「行為の中の省察（リフレクション・イン・アクション）」と呼び，行為の中の省察を行う実践家は，既存の技術を「適用」するのではなく，置かれた状況の中で考え抜き，新しい理論や技術を生み出したり変化させたりしていると主張した。

たしかに，すぐれた教師は，子どもたちの反応に敏感に応じて，その場で発問を変えたり，授業の流れを入れ替えたりすることがある。また，子どもたちの意見を採り上げて，そこから話し合いに入ることも多い。すぐれた教師は，まさに子どもたちに教えながら，子どもたちから学ぶ。こうして，すぐれた教師は省察をとおして実践知を獲得していくことを無意識に行っているのである。ショーンは，このような省察を繰り返しながら成長をしていく

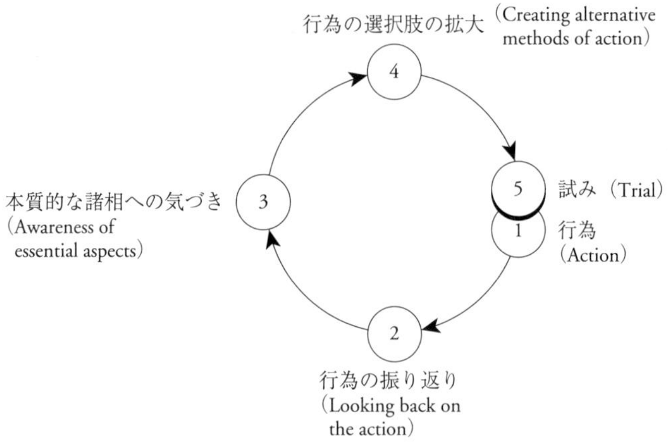


図14-1　ALACTモデル

（Korthagen, 2001）

実践家を「反省的実践家」と呼んだ。

教師教育の世界においても，「大学で理論を学んで現場で技術を身につける」という従来型の成長モデルでは不十分であり，「自分自身をどう省察するかを学ぶ」という省察を中心とした成長モデルが広がっている。

教師教育学者であるコルトハーヘン（Korthagen, 2001 ; 武田監訳，2010）は，省察を中心的な概念の一つとして考え，理論と実践をつなぐ主要な方法としてとらえた。そして，教師が経験を省察することで学び，成長し続けるサイクルを ALACT モデルとして提案している（**図14 - 1**）。

もっとも，コルトハーヘンは授業の基礎的な技術を獲得することも不可欠であることを述べており，省察の技能はそれと相反するものではないことも主張している。

そこで問題になるのは，どのような授業を「良い授業」としてとらえるのかという E の「授業観」が問われるということである。良い授業を数多く参観することは必要だが，目に見える指導技術だけを獲得して授業観を学んだつもりになってしまう危険性もある。それでは，どうしたらよいのだろう。

あるベテラン教師の素晴らしい社会科の授業を参観したことがある。その授業後の研究会で，若い教師が「子どもたちがとても楽しそうに学習していたのですが，どうやって教材研究をするのですか？」と質問をした。すると，そのベテラン教師は「農業を学習した後には農業をやってみたい，漁業を学習した後には漁業をやってみたいと子どもたちが感じる授業をつくりたい」と語ったのである。このような授業観が素晴らしい授業を創るための土台になっているということが若い教師に伝わった瞬間であった。こうした教師同士の「対話」が授業観を目に見える形にする。授業を参観する側も単に指導技術を学ぶ場として研究授業をとらえるのではなく，授業者の授業観を明らかにしたいという意識を持つと，授業の見え方も研究会のあり方も違ったものになっていく。

こうした教師同士の「対話」は，「本質的な諸相への気づき」を促すために重要な役割を果たす。他者との相互作用によって，様々な授業の見方・考え方が得られるからである。「教師は教えられたように教える」という言葉がある。教師は自分が子どもだったときの経験に基づいた授業観をあらかじめ持っているからである。だからこそ，授業観は「獲得する」とは言わずに，「磨く」という。そうした自分の授業観は教師同士の「対話」によってバージョンアップされていく。そう考えると，教師の成長のためには，省察と他者との対話を意識して行っていくことが求められると言えるだろう。

**コラム　熊本市教師塾「きらり」のコミュニティ**

熊本市教育委員会が主催する教師塾「きらり」は，教職経験年数10年以内の若手教師である「塾生」が，力量の高いベテラン教師である「師範」に学ぶというシステムをとっている。塾生は師範の授業から指導方法と授業観を学び，師範は塾生の授業を参観して指導を行う。研修期間の最後に，塾生は教師としての自分自身のあり方や生き方を省察し，デジタルストーリーテリング（音楽と写真と語りによる短い映像）の作品を作成して師範や所属する校長に見せるという成果報告を行っている。教師塾「きらり」は，学校を超えた学びのコミュニティを構成している点が特長である。

## 第2節　学校というコミュニティで学び合う

本節でのコミュニティとは，教師が業務を遂行したり自らの資質・能力を伸ばしたりするための共同体を指す。その意味では，勤務している学校もコミュニティである。新任教師もベテラン教師も，それぞれの経験や能力に応じた業務を遂行していく過程で教師は成長していくからである。また，成長の場としては，公的な業務として位置づけられるフォーマルな場と，業務ではないインフォーマルな場に大別できる。本節では，学校というコミュニティにおける教師の具体的な成長の場面について学ぶ。

### （1）フォーマルな場としての校内研修

我が国の場合，とくに小中学校では，授業研究を中核とした研究授業と授業研究会が校内研修として位置づけられ，その授業の成果や課題等を教職員が話し合い，教師の授業力向上に寄与してきた。

授業研究会はその目的や校種，規模によって取り組み方が異なる。たとえば小学校の場合，一人の学級担任が研究授業を行う際に同学年の別の学級担任が協働で教材研究を行い，事前にそれぞれの学級で授業を実施し，授業の流れや発問等を検討するといったこともある。同様に，中学校の場合は同教科の教師が協働して事前研究を行うこともある。研究授業そのものは教師個人が実施するが，同学年や同教科というつながりのあるコミュニティの中で協働して教材研究することによって資質・能力が育成されることも多い。

研究授業の後は，通常，授業研究会と呼ばれる研究会が開催される。研究会の手順としては，授業者が自分の授業を批評する「自評」から始まり，質疑応答，協議，まとめの流れで進められることが一般的である。その中で，授業の善し悪しが論じられ，改善案などが出される。また，一部の力量の高い教師だけが発言することが多くなる傾向にあるので，近年は，少人数のグループで付箋紙等を使って授業の長所・短所を書き出して話し合うというワークショップ型の授業研究会も増えてきている。

研究授業・授業研究会では，授業者の授業力を評価される場にもなりかねないため，ストレスを感じる教師も少なくない。また，研究授業の準備のためには膨大な時間と労力を費やすので，負担も大きくなる。しかし，こうした小中学校における研究授業・授業研究会の文化は教師の力量形成に大いに寄与してきたという事実は誰もが認めるところであろう。我が国の小中学校の教育が諸外国から高く評価されるのも，こうした教師による学び合う文化の存在が要因の一つと考えられる。

一方，近年では，教師が教えるという授業観から子どもが学ぶという授業観に変化してきており，研究授業そのものへの取組も変化してきている。従来は，教師の発問とそれに応答した児童生徒の発言，提示された教材や板書といった授業者のパフォーマンスが主たる検討の対象であったが，ここ数年，一人一人の児童生徒側の学習が成立しているかどうかといった視点で研究授業が見られるようになってきている。このような視点の変化は，教師にとっても「授業者の授業力の評価」ではなく，自らが学習者の立場となって「児童生徒は何を学んだのか」「自分は，この授業から何を学んだのか」という視点を考えるきっかけとなっている。まさに省察と対話による授業研究会が増えてきていると言えるだろう。

### （2）インフォーマルな場としての同僚との関係

第１節で挙げた教師の資質・能力の中のＡＢＣは，校内研修のような比較的フォーマルな場において育成されることが多いが，ＤＥＦはインフォーマルな場において育成されることが多い。

たとえば，初任者の場合，同僚にモデルとなるような力量を持った先輩教師がいれば，その教師の日常的な言動の中から学ぶことが多くなる。先輩教師が日常的に児童生徒と交わす言葉やトラブルへの対処，保護者や同僚への接し方などから初任者の多くは学んでいく。また，前述したように，先輩教師が長年の間に磨き上げてきた授業観や児童観に感銘を受けることもあるだろう。さらには，先輩教師が所属している研究会やサークルなどに参加していく機会も増えると，自ら学ぶ方法と場を獲得することになっていく。そのように考えると，教師にとっては，同僚の中にそのような関係性を持つ教師がいるかどうかは大きな影響を及ぼす。一方，先輩教師にとっても，後輩から質問されたり相談されたりする中で，自らの指導方法や考え方を見直すきっかけとなる。他に分かち伝えるためには言語化や可視化することも必要となる。さらに後輩に教えるという行為によって，自らも学びなおすことにつながっていくので，双方にメリットをもたらすと言えるだろう。

また，教師には精神的な強靭さも求められる。教師はその業務の性質上，ストレスを抱え込みやすい仕事の一つであると言われるからである。総合的な学習や外国語教育，情報通信技術の活用など，教える内容はより多く複雑になってきており，授業の準備にかける時間も増えている。また，保護者の価値観も多様化しており，児童生徒同士のトラブルや怪我・病気の対応などにも常に気を遣わなければならない。そのような業務上の「つらい経験」によって心が折れ，精神疾患で休職する教師も増加傾向にある。そこで近年注目されているのがレジリエンス（resilience）という概念である。日本語としては「困難から立ち直る力」と訳されるが，むしろ，「困難を跳ね返すだけの力を身につけながら成長していく力」ととらえたほうがよいであろう。

教師が業務を遂行する上では，このような「つらい経験」を少なからず味わうことになる。しかし，本人が後に振り返ってみれば，それらが成長のきっかけになっていることも多い。つまり，レジリエンスを高めるためには，自分に起こりうる様々な「つらい経験」について自らを成長させるための試練なのだと考える自己効力感に関する強い信念が必要だとも言える。こうした状況に苦しむ教師を救い出し勇気づけてくれるのは他ならぬ同僚の教師であることが多い。同僚性の高い教師集団であれば，トラブルに対しては一人の教師の責任にせず，チームで対応できる。また，解決策を見いだし乗り越えることで，教師集団としてのチームワークも高まっていく。教師が成長する上で，レジリエンスを高めていくことは重要な要因となっているのである。

ノッチンガム大学教授のデーは，「よき教師は，単に問題なく機能している機械ではない。教師は，生徒とつながる感情的で情熱的な存在であり，喜びや創造性，挑戦心や楽しみをもってその仕事や授業を行う存在である」と述べている（Day & Gu, 2014; 小柳・木原監訳，2015）。たしかに，このような教師こそが学び続ける教師であり，失敗を恐れずに，楽しみながら自らを進化させていくための自己効力感をもっている。また，ある意味で仕事に慣れすぎてしまうと成長は止まる。毎年同じことを繰り返していれば失敗は起こらないが，その分モチベーションは知らず知らずに下がっていくことにもなりかねない。児童生徒の成長は，それを受け持つ教師のモチベーションに大きく影響を受ける。

児童生徒が魅力を感じる教師とは，挑戦するエネルギーが伝わってくる人物なのではないだろうか。失敗を恐れずに挑戦し続ける教師が育つためには，積極的に支えてくれる同僚の存在が欠かせない。学校は教師同士のレジリエンスとモチベーションを高め合う組織でなければならない。教師同士が共通の課題について協働しながら考え合い学び合うための組織的な改善が常に求められるコミュニティであるべきなのである。つまり，学び続ける教師は学び続ける学校でこそ育つのだと言えよう。

**コラム　学校内サークル活動というコミュニティ**

校内研修だけでは回数が限られるので，教師の持つそれぞれの特技が十分には生かされない。そこで，学校内で教師の持つ強みを生かした希望者による校内サークル的な活動を運営しているところもある。基本的には，勤務終了後の30分から１時間程度の時間を使って，それぞれの得意技を共有するといったものである。たとえば，水彩画や跳び箱といった実技系に関する指導技術，実物投影機やタブレット型端末といったICT機器の活用事例，給食・掃除・宿題などの日常的なノウハウといった校内研修では取り上げられない微細なものがテーマとなることが多い。多忙を極める現代の教師にとっては短時間で基本的な指導技術が学べるコミュニティとなっている。

## 第３節　学校外のコミュニティで学び合う

教師がその専門性を伸ばすために，地域ごとに様々な自主的な研究会やサークルが開催されており，教師集団による独特の文化が形成されている。また，近年は，学校運営に地域住民が積極的に関わることが推奨されており，学校と地域が連携したコミュニティも増えてきている。さらには，教師が教職という仕事を超え，異業種と交流をしたり，定年後の仕事の準備をしたりするためのキャリア形成に関するコミュニティも多い。

本節では，こうした学校外のコミュニティについて学ぶ。

### （1）自分の専門性を伸ばすための自主的な研究会

教師が自分の専門性を伸ばしていくためには，校内のコミュニティだけでは不十分である。そこで，地域ごとに，教科教育等の力量を高めたいと考える意欲の高い教師が学校を超えて集まり，国語教育研究会といった定期的な研究会等が開催されており，独自のコミュニティを形成している。そこでは，自主的な研修を企画したり，自らの授業実践の報告を行ったりして，積極的な研究が行われている。規模が大きくなれば，会長，副会長，事務局長などの幹部を中心とした組織が形成され，会報の作成・配布や懇親会等も企画され，メンバー同士による交流が積極的に行われる。

学校は人事交流によって定期的にメンバーが入れ替わっていくが，こうした自主的な研究は任意のものなので，退会しない限りは何年も同じメンバーと活動することになる。したがって，メンバー同士のつながりはむしろ学校の同僚よりも強いことが多い。さらには，こうした自主的な研究会で努力している教師は実践や人柄を他者から認められる機会が増えるために，研修会の講師や助言者を務めたり，教育委員会の指導主事の任に着いたりして，地域のリーダーとして活躍するようになっていく。その意味では，自主的な研究会は，その教科等のリーダーを育成するための重要な役割を果たしていると言えるだろう。

また，大きな組織ではないが，少人数の教師が集まり自主的なサークル活動を行う場合もある。比較的若いメンバーで構成されることも多いので，教科等の研究に限らず，学級経営などの日常的な悩みなどを気軽に相談できるというメリットがある。

こうした自主的な研究会やサークルといった任意のコミュニティは，強制力がない代わりに学ぶ意欲の高いメンバーによって構成されているため，参加することによって相互に刺激し合って高まり合うことができる。第１節で述べたＥの「授業観・子ども観・教育観の錬磨」やＦの「教職自己成長に向けた探究心」を育成するための有効な場となっている。

### （2）学校と地域の連携によるコミュニティ

近年，学校だけではなく地域社会が積極的に関わることによって，児童生徒の教育を推進していこうという動きが盛んになっている。そのための仕組みとして学校評議員制度と学校運営協議会制度がある。

学校評議員制度は，学校が保護者や地域住民等の信頼に応え，より一層地域に開かれた学校づくりを推進していくために「学校教育法施行規則」によって位置づけられたものである。学校評議員は，校長の求めに応じ，学校運営に関して意見を述べることができる。この会議を学校評議員会と呼び，1年間に2回以上開かれることが多い。学校評議員は，学校や地域の実情に応じて，学校運営に関して以下のことができる。

・保護者や地域住民等の意向を把握し反映すること
・保護者や地域住民等の協力を得ること
・学校運営の状況等を周知するなど学校としての説明責任を果たすこと

一方，学校運営協議会制度は，学校運営に地域の声を積極的に生かし，地域と一体となって特色ある学校づくりが進められる制度として，「地方教育行政の組織及び運営に関する法律」の改正によって施行されたものである。この制度によって運営される学校を「コミュニティ・スクール」と呼び，学校運営協議会は主に以下の役割を担うとされている。

・校長が作成する学校運営の基本方針を承認すること
・学校運営に関する意見を教育委員会又は校長に述べること
・教職員の任用に関して，教育委員会規則に定める事項について，教育委員会に意見を述べること

学校評議員は，校長の求めに応じて，個人としての立場で学校運営に関する意見を述べるものであり，校長や教育委員会の学校運営に関して直接関与したりすることはできない。一方，学校運営協議会は，合議制の機関であって，学校運営，教職員人事について関与する一定の権限が付与されており，校長は，学校運営協議会が承認する基本的な方針に従って学校運営を実施することになる。学校評議員を設置するか学校運営協議会を設置するかは，学校の設置者である教育委員会が地域の実情に応じて選択することになる。

地域社会との連携は学校では今や欠かせない取組となっており，学校と地域が一つのコミュニティとして機能していくことが求められていると言えよう。

そうした学校と地域の連携のためには，メンバーがそれぞれの理想論を語るだけではなく，それぞれの現状と課題を出し合い，その解決策を考えるといった取組が功を奏する。たとえば，地域は過疎化という課題を，学校は多忙化という課題を出し合うことによって，総合的な学習の時間に地域の良さを理解しその発展に寄与するための学習を組み込んだり，部活動の外部指導

者を地域に求めたりするといった連携が可能となる。

また，地域のリーダーには長年の経験と実績によって知見が豊富な人材が多く，社会の問題点や生き方といった多様な視点から教師に示唆を与えてくれることもある。教師は，学校という閉じられた空間の中で過ごすことが多いので，このような地域社会と交わるコミュニティに積極的に関わり地域のリーダーと対話することによって，視野を広げることができる。学校と地域の連携は，組織の運営という意味でも，教師の成長という意味でも，その効果が期待できると言えよう。

### （3）教師自身のキャリア形成としてのコミュニティ

現在，ICT（情報通信技術）の高度化とそれに伴うグローバル化，そして少子高齢化など，社会は大きく変化してきている。その社会とはまさに知識基盤社会であり，新しい知識やアイデア，技術のイノベーションが何よりも重視される社会である。そのような社会においては，人と人とが相互に関わりながら，それぞれが自分の知識やアイデアを組み合わせて，問題を解決していくことが求められる。

教師は，そのような変化の激しい社会を生き抜く子どもたちの育成には熱心だが，自分自身もその社会を生き抜く存在であるという意識が薄いのではないだろうか。また，世界的に平均寿命が延びる傾向にあり，人生100年時代と言われるようになってきている。ドラッカー（Drucker, 1969; 上田訳, 2007）は，知識労働者が第二の人生をもつことの重要性を説き，自らをマネジメントすることの必要性を主張している。

児童生徒一人一人に強みがあるように，一人一人の教師にもそれぞれの強みがある。たとえば，書道に強みを見いだす教師は，書道の技能を伸ばしながら，不足している知識・技能を獲得していくようになるだろう。つまり，強みを生かすことによって人は成長し続けるのである。これがまさに，自己実現への挑戦と言うべきものであり，教師もまた第二の人生を考える知識労働者なのである。また，少子高齢化は，高齢者の社会参画を促すことになる。教師は，定年退職後も積極的に社会参画をしなくてはならない時代が来ていると言えるだろう。

そこで，教師が教職という仕事を超え，異なった業種の人々と交流をしたり，定年後の仕事の準備をしたりするためのキャリア形成に関するコミュニティも少しずつ増えてきている。たとえば，異業種の人々との交流を目的とするコミュニティでは，会社員や専業主婦，販売業，製造業など多種多様な人々が集まる場に身を置き，その考え方や社会的な課題を学ぶ場となっている。また，防災やまちづくりといった社会的に広く課題となっているテーマについて考えるコミュニティも存在する。そこでは，交流そのものが目的ではなく，社会的な課題を解決するための知識を共有することが目的となる。このような異業種間のコミュニティは，近年急速に発達したSNSによって広がっており，日常的なメンバー同士のやりとりはネット上で行われ，定期的に会うことによって親睦を深めることも多い。

教師自身のキャリア形成としてのコミュニティは，従来は存在しなかったタイプのものであるが，教師が未来の人生を考える場となっている。第1節で述べたFの「自己成長に向けた探究心」をおおいに刺激する役割を果たしていると言えるだろう。

**コラム　教師が社会とのつながりを求めるコミュニティ**

現代の教師は，教える内容や社会的な要請が増えており多忙である。そのために社会的な問題には疎いと言われる。とくに，過疎化や高齢化といった地域の問題や国際化や情報化といったグローバルな問題については，学ぶ機会も時間も少ない。そこで，筆者が主催する未来学習研究会では「大人の学びBar」という自主研修会を開催して，社会的な課題に取り組んでいる方を講師に招き，教師に限らず様々な職種の人たちが学ぶ場を提供している。講師は30分だけ講話をし，参加者は30分間「自分たちの今後の活動」について話し合い，残りの30分でそのアイデアを発表して共有するといったものである。休憩の時間は長めにとって，参加者同士が交流できるようにしている。

## ■引用文献


Day, C. & Gu, Q., *Resilient Teachers, Resilient Schools: building and sustaining quality in testing times*, Routledge, 2014（デー , C.・グー , Q.『教師と学校のレジリエンス――子どもの学びを支えるチーム力』小柳和喜雄・木原俊行監訳，北大路書房，5-6，2015年）

Drucker, P. F., *The Age of Discontinuity: Guidelines to Our Changing Society*, Heinemann, 1969（ドラッカー , P. F.『断絶の時代』上田惇生訳，ダイヤモンド社，299-300，2007年）

今津孝次郎『教師が育つ条件』岩波書店，62-64，2012年

Korthagen, F. A. J., *Linking Practice and Theory: The Pedagogy of Realistic Teacher Education*, Routledge, 2001（コルトハーヘン , F. 編著『教師教育学――理論と実践をつなぐリアリスティック・アプローチ』武田信子監訳，学文社，54-55，2010年）

Schön, D. A., *The Reflective Practitioner: How Professionals Think In Action*, Ashgate Publishing, 1983（ショーン , D. A.『省察的実践とは何か――プロフェッショナルの行為と思考』柳沢昌一・三輪建二監訳，鳳書房，40・57，2007年）


## ■課題

1. 教師が成長するためには，どのような知識・技能が必要になるのか具体的な実践の場面を思い描きながら言葉で説明しよう。
2. 学校では，どのような研究が行われており，どのような校内研修が開催されているのか，調べて発表してみよう。
3. 学校外の研究会，地域と連携する仕組み，業種を超えたコミュニティについて調べて，発表してみよう。

## ■参考図書


佐藤学『専門家として教師を育てる――教師教育改革のグランドデザイン』岩波書店，2015年

センゲ , P. M., キャンブロン＝マッケイブ , N., ルカス , T., スミス , B., ダットン , J., クライナー , A.,『学習する学校――子ども・教員・親・地域で未来の学びを創造する』リヒテルズ直子訳，英治出版，2014年

# 第 15 章　教育における評価

本章では，教育における評価の目的や基準について学ぶ。評価といえばテストというイメージを持たれることもあるが，様々なタイミングで目的に応じた評価が行われる。また，同じ測定結果であっても，どのような基準に基づいて評価するのかによって，その意味合いは異なってくる。これまでの評価をする側，受ける側としての経験を思い出し，その結果をどのように利用してきたのかを振り返りながら，教育における評価の意義について考えよう。

**キーワード**
測定と評価　評価のタイミング　評価の基準　ルーブリック　ポートフォリオ　ピグマリオン効果

## 第 1 節　測定と評価

評価という言葉から思い出しやすいのは児童・生徒として受けた数々のテストではないだろうか。しかし，テスト＝評価ではない。テストは学習成果を測定するための手段の一つである。そして測定をすることが評価ではなく，測定したものに肯定的あるいは否定的な価値づけをすることが評価なのである。たとえば，テストで80点とれたという事実に対し，それなりに理解できているという解釈をしたり，90点だったA君よりも理解が十分でないと考えたりすることで，測定結果であるテスト得点への価値をつけることが評価であるといえる。

また，梶田（1994）が学力を氷山にたとえたように（**図15 - 1**），学習成果の中には測定しやすいものだけでなく，測定の難しいものがある。たとえば

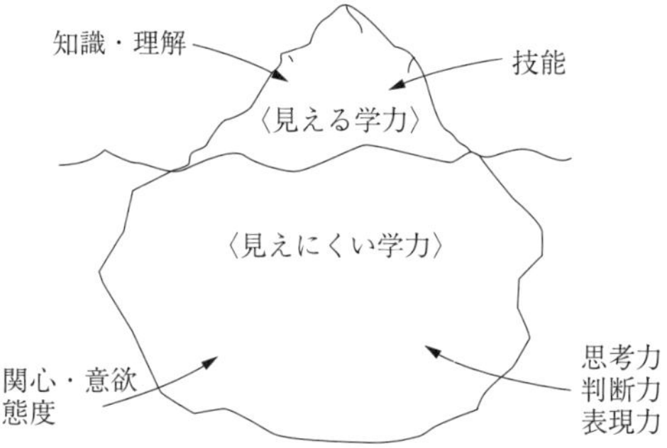


図15-1　氷山としての総合学力

（梶田，1994）

関心・意欲・態度をどのように測定するのか，思考力をどのように測定するのかといった問いに対して明確な答えはあるだろうか。授業中にたくさん発言していることをもって「意欲がある」とみなす，様々な根拠を用いながら意見を述べられていることをもって「思考力がある」とみなすなどといった対応がとられることが多いが，それらは本当にみなしてよいことなのか考えてみる必要もあるだろう。

## 第２節　評価の目的とタイミング

教育場面での評価というと学習活動が終わった後に行われるテストの結果を用いた評価をイメージすることが多いのではないだろうか。これまでの学校生活を振り返ったとき，学期末にテストを受け，その結果をもとに評価されてきた経験が思い出されるからであろう。たしかにそのような評価もあるが，評価を行うタイミングは学習後だけではなく，**図15　2**に示すように目的に応じて様々なタイミングで行われるのである。

### （1）診断的評価

診断的評価は学習活動が始まる前に行われ，基礎となる知識をどの程度持ち合わせているのかを確認するものである。たとえば事前テストを行うこと

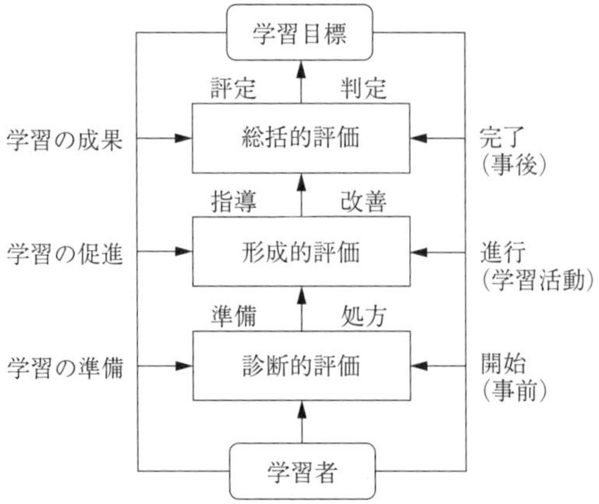


図15-2　学習過程における評価の機能

（藤田，1995）

で学習者の前提知識の有無を確認したり，前年度に学んだ内容を振り返らせてどのような理解をしているのかを探ったりすることが考えられる。これにより，この後の学習活動をどのように組み立てるのかを考えたり，グループ編成に利用したりすることができる。

### （2）形成的評価

形成的評価は学習活動を行っている途中で行われるものである。日々の学習活動を進めていく中で学習者の様子を観察したり，小テストを行ったりすることで評価することがある。これにより，これまでの活動が順調に進んでいるのかを確認し，このままの進め方でよいのかを判断することができ，場合によっては指導を補足したり，やり方を変えたりすることもある。こまめにこのような評価を行うことで，微調整が可能になるのである。

### （3）総括的評価

総括的評価は学習活動を終了した後に行われるものであり，テストを用いられることが多い。最終的にその学習活動がうまくいったのかどうかを判断することとなり，この評価の結果は，通知表や指導要録を記入する際にも用いられる。また，次の学習活動を行う上での診断的評価の役割を担うこともある。

## 第３節　評価の基準

### （1）集団準拠評価

集団準拠評価は集団の中でどこに位置するかに基づく評価であり，いわゆる相対評価である。かつては学校教育の中でも主流であった基準であるが，今日では用いられる機会が減っている。

かつてなじみのあった５段階評価では**図15 - 3**に示すように，それぞれの段階に割り当てられる人数の割合が決まっていた。そのため，自身ががんばって高い学習成果を上げたとしても，それより上位の者がいれば高い評価を得ることができなかった。あくまでも他者との関係で評価されるため，クラス全員が努力して高い成果を上げたとしても，集団内の位置が変わらなければ評価は変わらないということがあり得る。そのため，学習者にとってはやる気につながりにくいといった問題がある。また，実際の学習者集団は**図15 - 3**のような正規分布を示さないことが多く，このままでは適用できないといったことも指摘される。

このように問題点が指摘される評価基準ではあるが，上位何パーセントが「５」，次の何パーセントが「４」といった基準を用いると，評価者による相

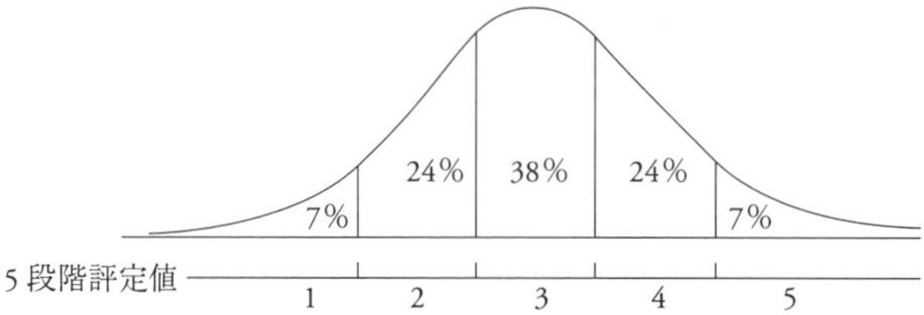


図15-3　得点が正規分布しているときの集団準拠評価

違は起こりにくく，客観性の高い評価であるという見方もできる。また，集団によって高い評価ばかり，低い評価ばかりといった偏りができにくいということもいえるだろう。

### （2）目標準拠評価

目標準拠評価は，教育目標をどれぐらい達成したのかに基づいて行う評価である。学年での目標や単元での目標と照らし合わせ，各学習者の達成状況を判断する。この評価では，自身が努力して成果を上げられれば他者の状況にかかわらず高い評価を上げることができ，クラス全員が高い評価を受けるということもあり得る。そのため学習者の努力が認められやすく，動機づけを高めやすいということがいえるだろう。

しかし，目標を達成しているのかどうかはどのように判断すればよいのだろうか。誰が見ても明らかに達成できている，あるいはできていないという場合には評価がゆらぐことはないが，場合によっては評価者によって評価が異なるということがあり得る。評価者によって線引きの基準が異なると，同じ評価結果であったとしてもその意味合いが変わるということが起こってしまう。そのため教師同士や学校間，保護者と教師などの間で評価基準を共有しておくことが必要となる。

### （3）個人内評価

個人内評価は，集団内での位置や達成すべき目標との関係ではなく，個々の学習者の特徴をとらえる評価である。

このうち，過去と比較して変化の程度を評価しようとすることを縦断的評価という。「1学期に比べて2学期は文字を丁寧に書くようになった」「1年生の頃に比べて，困ったときに自分の思いを伝えられるようになった」などというものである。以前に比べて努力した点や伸びた点を評価することができ，子どものやる気につながりやすいといえる。

また，他の教科や活動などと比較して優れている点や劣っている点などを評価することを横断的評価という。「算数の時間は国語の時間よりも一生懸命取り組んでいる」「話すことで意思を伝えるのは得意だが，書くことは苦手である」などといったものである。このような評価は個々の学習者によって観点が異なってくることもあり，評価者にとっては個々の学習者をよく理解することが求められるが，このような評価を行うことで一人一人の特徴を知り，個々に応じた支援につなげることができるという側面を持つ。

## 第4節　テスト以外の方法による評価

### （1）パフォーマンス評価

パフォーマンス評価とは，ペーパーテストで測定することの難しい作品や口頭発表，実演などを評価する方法である。このようなパフォーマンスは様々な評価の観点が考えられ，評価者によって異なってしまう可能性がある。そこで，評価基準としてルーブリックというものを用いることがある。ルーブリックとは，どのような観点で評価するのか，どのような状態であればどのような評価を行うのかといったことを明示したものである。たとえば，**表15-1**に示すように，評価の観点を並べておき，それぞれの観点ごとにどの

表15-1　発表場面におけるルーブリックの例

| | S | A | B |
|---|---|---|---|
| テーマの設定 | 先行研究をふまえて，オリジナルのテーマを設定することができている。 | オリジナルのテーマだが，先行研究との関係がわかりづらい。 | オリジナルのテーマが設定されていない。 |
| 資料のまとめ方 | 説明を聞く上で理解を助けるわかりやすい資料が用意されている。 | よくまとめられた資料だが，説明との関連がわかりづらい。 | 資料が見づらく，まとまっていない。 |
| 説明の仕方 | 話の展開がわかりやすく，大きな声で説明できている。 | 話の展開はまとまっているが，説明が明瞭でない。 | 説明の流れがわかりづらく，説明の内容も理解しにくい。 |
| 質問への対応 | 質問を受け付け，わかりやすい回答をしている。 | 質問に対して適切な回答ができていない。 | 質問を受け付けていない。 |

ような状態なのかを評価する基準として用いる。ルーブリックを用いた評価は，教授者が学習者を評価する際だけでなく，学習者同士で評価し合うといった場面でも有効である。

学習活動を行う前にルーブリックを作成し，共有することによって，学習のねらいを明確にすることができ，学習者は力を入れるべきポイントがわかるだろう。また，誰に対しても同じ基準で評価するために，公平性を保てるというのも大きなメリットとなる。さらに，得点化できないようなものに対する評価についての説明を学習者や保護者から求められたときに，根拠として示すことができる。

### （2）ポートフォリオ評価

ポートフォリオとはもともと書類入れを表す言葉であり，評価の場面においては学習者に関する情報を入れておくファイルなどを指す。最終的な完成物やテストだけでなく，そこに至るまでの過程で作成されたものや教師との対話の過程などを記録しておくことにより，評価のための情報とするのである。テストで測定・評価するのではない「総合的な評価の時間」における評価技法として実践現場で用いられることが多かったが，他の教科でも活用されるようになってきている。

これらの過程を記録しておくことにより，各学習者の取り組み方や成長の様子を評価することができ，多面的な評価に生かせるという利点がある。一方で，必ずしも数値化されているものではなく，記録内容が画一化されたものでないことも多いため，どのように評価してよいのかわかりづらいという指摘がされることもある。

## 第5節　ピグマリオン効果とハロー効果

第10章でも学んだように，ピグマリオン効果とはローゼンタールとジェイコブソン（Rosenthal & Jacobson, 1968）によって示されたものであり，教師期待効果とも呼ばれるものである。彼らの実験では，成績が伸びるとされた子どもたちに対する教師の関わり方が変化したことにより，実際の成績の伸びにつながったと考えられている。

また，ハロー効果というのはフォスターとイッセルダイク（Foster & Ysseldyke, 1976）によって示されたものであり，優れた面のある学習者に対して評価を行う際には，他の面も優れていると予測してしまうことである。また逆に何らかの問題を抱えている側面があると認識していると，他の面についても実際より低く予測する傾向もある。したがって教師が優れているという印象を持つかどうかによって，同じ行動に対しても評価が変わってしまうことがあり得るということに気をつけなければならない。

これらの効果のように評価を行う者が，学習者に対してどのようにとらえているのかが評価に影響することが起こり得る。さらに，その結果を受けて学習者自身による自己評価に影響したり，次の学習にどのように取り組むのかが変わってきたりすることもある。このように，学習場面における評価というのはそのとき限りのものではなく，人を育てる上で大きな影響を及ぼすものであるということを意識しながら行っていく必要がある。

**コラム**

早生まれの子どもはそうでない子どもに比べて成績面で不利であるという話を聞いたことはないだろうか。たとえば川口・森（2007）などに示されるように，早生まれの子どもたちとそうでない子どもたちとの間には幼い頃だけでなく，成長後の学業成績や最終学歴においても差があるという。

小学校に入学する時点で同学年の 4 月生まれの子どもたちと 3 月生まれの子どもたちとの間には，発達の違いによる体格面や言語面，認知面などの差があり得ることが想像できるだろう。しかし，年齢が上がってくると発達による差は目立たなくなりそうに思えるにもかかわらず，学業成績の差が小中高を通じて解消されないのはなぜだろうか。 1 つの原因として示唆されるのは，幼少期に受けた評価が自分自身の自己肯定感や学習意欲などの差につながる可能性である。小さい頃に，周りに比べてできないという経験を重ねたことにより，自分でも自分に対して期待することができなくなったり，また周囲からも期待されなくなったりしているという可能性があるのではないだろうか。その結果として，自信を持てなくなったり，意欲を持てなくなったりしてしまい，さらなる結果として成績の差を生み出してしまうことが考えられる。なお，このようなハンディキャップを取り除くために，生まれ月によるクラス分けをしたり，スポーツのチーム分けの際に考慮したりするといった取り組みが行われていることもある。

## ■引用文献


Foster, G. & Ysseldyke, J., Expectancy and halo effects as a result of artificially induced teacher bias, *Contemporary Educational Psychology*, 1, 37-45, 1976

藤田恵璽『学習評価と教育実践〈藤田恵璽著作集 1〉』金子書房，1995年

梶田叡一『教育における評価の理論 I ——学力観・評価観の転換』金子書房，1994年

川口大司・森啓明「誕生日と学業成績・最終学歴」『日本労働研究雑誌』569，29-42，2007年

Rosenthal, R. & Jacobson, L., *Pygmalion in the classroom: Teacher expectation and pupils' intellectual development*, New York: Holt, Rinehart and Winston, 1968


## ■課題

1. 学習活動を行う上でどのようなタイミングで評価を行うことがあるのか，それぞれの目的と対応させながら説明しよう。
2. 基準のあり方によって，同じ測定結果であっても評価が異なるとはどのようなことなのか，具体的な場面を挙げながら説明しよう。
3. テスト以外の方法を用いて評価を行うにはどのようなやり方があるのか，具体例を挙げよう。
4. 子どもたちを伸ばしていける評価の方法にはどのようなものがあるか考えよう。

## ■参考図書


東洋『子どもの能力と教育評価　第2版』東京大学出版会，2001年

## 事項索引

# 人名索引

**執筆分担**（執筆順・2019年12月現在）


## 魚崎祐子（うおさき・ゆうこ）

玉川大学教育学部准教授
編者，第３章第２節，第６－７章，第８章第１節，第９章，第15章

## 岩田恵子（いわた・けいこ）

玉川大学教育学部教授
第１章，第２章，第３章第３節

## 高平小百合（たかひら・さゆり）

玉川大学教育学部教授
第３章第１節，第４章，第８章第２－３節

## 布施光代（ふせ・みつよ）

明星大学教育学部教授
第５章，第10章

## 加藤陽子（かとう・あきこ）

十文字学園女子大学人間生活学部准教授
第11-13章

## 前田康裕（まえだ・やすひろ）

熊本大学教職大学院准教授
第14章

# 教《おし》えと学《まな》びを考《かんが》える教《きょう》育《いく》心《しん》理《り》学《がく》

2020年２月20日　初版第１刷発行

編著者 ―――――― 魚崎祐子
発行者 ―――――― 小原芳明
発行所 ―――――― 玉川大学出版部
〒194-8610　東京都町田市玉川学園6-1-1
TEL 042-739-8935　FAX 042-739-8940
http://www.tamagawa.jp/up/
振替　00180-7-26665
装幀 ――――――― しまうまデザイン
印刷・製本 ―――― モリモト印刷株式会社

乱丁・落丁本はお取り替えいたします。

ISBN978-4-472-40590-7 C3037 / NDC371